하주열 예주열

(상)

하주열 예주열

(상)

하주열 예주열(상)

초판 1쇄 인쇄 2012년 10월 20일
초판 1쇄 발행 2012년 10월 25일

지은이 **오종천**
기획편집 **한치호**
발행인 **이명수**
디자인 **구본일 이순옥 이다영**
발행처 도서출판 세줄(등록번호 2-4000)
　　　　서울시 중구 인현동1가 115-1 T. 02)2265-3748
총판　　선교횃불 ☎02)2203-2739   FAX.2203-2738

저자 연락처 010. 8760. 1635
E-mail ohbless1@naver.com

ISBN 978-89-92211-75-8 04230
ISBN 978-89-92211-77-2 04230(세트)

하주열 예주열

(상)

오종천 지음

동작중앙교회
담임목사 안경선

우리가 인생의 삶을 살아가면서 꼭 배워야 할 점은 삶의 끝없는 열정입니다. 삶의 열정은 인생의 모든 것을 변화시킬 수 있는 무한하고 값진 것이기 때문에 그렇습니다. 한번 밖에 살 수 없는 우리 인생이 결코 무미건조하고 판에 박힌 듯한 그러한 인생은 안 됩니다. 그리고 아무 목적과 방향도 없는 가치 없는 인생이 되어서는 결코 안 됩니다.

우리는 동일한 여건과 환경 속에서도 어떤 사람은 확실한 목표의식과 가치를 가지고 활기차게 살아가는가 하면 또 다른 하나는 그렇지 못한 경우를 종종 주변에서 보게 됩니다.

이 책의 저자는 20년이 넘은 오랜 기간을 같이 신앙생활을 하면서 남들이 보지 못하는 것을 보았고, 듣지 못하는 것을 들었으며 그에 따른 진솔한 내용들을 성실하게 기록으로 남기면서 끝없는 열정을 가지고 살아 오셨습니다.

이번에 오랫동안 근무해 왔던 서울시와 공공재단에서 정년퇴직하고 지난날의 신앙생활을 중심주제로 한 삶을 뒤돌아보며,

정리하는 중에 본인의 삶의 열정이 담긴 기록들을 발견하고 고심 끝에 작은 체험이지만 함께 나누고 싶어 이 글을 작은 책자에 담아 출판하게 된 것입니다.

저는 저자의 교회 담임목사로서 그의 진실함과 성실성을 인정하며 이 책의 내용이 그의 신앙생활과 삶을 나타낸 것입니다.

이 책을 읽는 독자분들에게 저자와 같이 삶의 열정을 가지고 신앙생활에서 새로운 것을 추구하며 하루하루를 진솔하고 성실하게 살아가는 길잡이가 되었으면 하는 마음에서 이 책을 적극 추천합니다.

할렐루야. 감사합니다.

2012월 9월

이번에 책을 집필한다는 말을 전해 듣고 그동안 집사님과 같이 신앙생활을 한명의 안수집사로서 몇 자 적어 봅니다. 저가 집사님 가정에 대하 모든 것을 속속히 알 수는 없지만 참 화목하고 행복한 가정인 것 같습니다. 언제나 하나님 모시면서 믿음생활을 잘 하고 계신 장복순 집사님과 아들 준섭이와 동성이 모습을 보면 알 수 있었답니다.

우리가 대방성전 시대를 마무리하고 상도성전으로 옮긴 지 여러 해가 지났는데도 변함없이 주일날 아침마다 일찍 교회에 오셔서 온전한 예배를 드리기 위해 준비하는 집사님 모습이 너무 아름답습니다.

성도님들이 교회에 오기 전에 성전 내·외부 청소를 통해 환경을 아름답게 하여 예배를 온전히 드릴 수 있게 환경을 만들어 주는 것이 얼마나 중요한 일입니까?

성도님들은 좋은 환경에게 하나님은 영광된 예배를 드릴 수 있어 좋고, 성도님들의 건강에도 매우 좋을 것 같습니다. 아마 하나님께서 이런 것들을 보시고 더욱 큰 축복을 주시는 가 봅니다. 그리고 집사님은 수년 동안을 남전도회 강사로서 말씀으로 준비해서 구역예배를 드리고 이를 통해 하나님께 영광을 올릴 수 있어 감사했습니다.

신앙생활에 너무 많은 도움이 된답니다. 목사님을 통해 강사교육을 받고 이어 남전도회 회원들이 둘러 앉아 구역예배드릴 때 집사님이 제안한 참석자 가정마다 가족기도를 하는 것이 너무 좋습니다. 남전도회 가정마다 가족의 이름을 직접거명하면서 문제 하나하나를 기도제목으로 하여 하나님께 드리니 얼마나 감사한 일입니까?

이를 통해 기도 응답을 받고 행복하게 살아가는 세상이 되었으니 말입니다. 여러 가지 내용을 하나하나를 열거하려 하니 지면을 많이 사용할 것 같이 여기서 줄일까 합니다. 앞으로도 하나님 사랑 안에 목사님, 안수집사님, 성도님들과 함께 아름다운교회를 만들기 위해 최선을 다해 하나님께 영광을 돌리시기 바랍니다. 아울러 우리 안수집사님 모두가 항상 기도에 힘쓰고 서로 협력하면서 하나님께 영광을 돌리는 삶을 실아 갈 수 있노록 함께 노력합시다.

집사님. 이번 책 출판을 계기로 더욱 크게 발전하시어 하나님이 기뻐하시는 영광된 가정과 교회와 지역사회복음화에도 앞장서는 안수집사님이 되시기를 기도하겠습니다.

감사합니다.

2012년 9월 10일

동작중앙교회 백현득 안수집사

『내가 복음을 전할지라도 자랑할 것이 없음은 내가 부득불 할 일임이라 만일 복음을 전하지 아니하면 내게 화가 있을 것임이로라. 내가 내 임의로 이것을 행하면 상을 얻으려니와 임의로 아니한다 할지라도 나는 직분을 맡았노라(고전9:16-17)』

사랑과 그리움, 이별과 만남이 있던 백사장나루터에서 금빛 모래를 가지고 놀던 고향이 섬진강입니다. 수천년의 세월을 갈리고 씻기어온 자갈 밭 사이로 재짤 거리며 흐르는 보성강과 섬진강이 만나는 곳이 전라선 압록역 어귀입니다. 이곳에서 산길로 십오리(6㎞)를 걸어 들어가야 하는 산간오지에서 태어났습니다. 고향집 뜰 목련화가 따뜻한 봄 햇살에 싱그러운 꽃망울을 터뜨리려 할 때였습니다.

이제는 다 사라진 추억의 완행열차에 10시간 몸을 싣고, 낯설고 물 설은 동네 용산역에 내렸습니다. 이것이 저에게 서울생활의 시작입니다. 첩첩 산들로 둘러 쌓인 산간 오지(奧地)에서 오직 하늘만을 바라보고 평생을 살아오신 어머님으로부터 하늘님만 계신다고 들어

왔습니다. 그러나 서울에서 「만물이 그로 말미암아 지은 바 되었으니 지은 것이 하나도 그가 없이는 된 것이 없는」, 「살아계신 하나님」을 만났습니다. 그분으로부터 크신 은총을 받아 아주 작은 이 글을 올립니다. 할렐루야.

우리네 인생은 힘들고 지쳐 고난에 처할 수도 있고, 때론 희망이 없어 캄캄한 어두운 밤에 홀로 서 있을 수도 있습니다. 혹시 홀로 근심과 걱정으로 인해 절망에 늪에 빠져 방황하고 있지는 않으십니까?

지금, 이 책을 읽어 보시도록 권합니다.

고난과 절망의 땅, 슬픔과 애통의 땅에서 제가 만났던 하나님, 살아계신 소망의 하나님을 만나실 것입니다. 지금의 어떤 고난이나 수치와 어떤 탄압과 어려움을 겪은 다해도 하나님은 그곳에 계시면서 눈동자처럼 보호하고 계신다는 것을 아실 것입니다. 믿음 · 소망 · 사랑의 하나님은 언제 어디서나, 무엇이든지 하실 수 있는 그 분이 계신 것을 말입니다.

하나님은 불가능을 가능케 하시고 어떠한 경우에도 우리를 결코 포기하지 않으시는 분입니다. 굳게 믿으십시오. 하나님이 우리에게 가장 적정한 때에 은혜와 축복을 주시기 위해 계신다는 것을 믿고 의지하십시오. 우리를 향하신 하나님이 주 예수 그리스도로 말미암아 영광과 위엄, 권력과 권세가 만세 전부터 우리를 택하여 이 땅에 보내셨기 때문입니다. 두려워하지 마십시오.

　지금 처해 있는 환경을 보지 말고, 역사하실 하나님을 보십시오. 근심하거나 걱정하지 마십시오.

주께서 나의 슬픔이 변하여 내게 춤이 되게 하시며 나의 베옷을 벗기고 기쁨으로 띠 띠우셨나이다 이는 잠잠하지 아니하고 내 영광으로 주를 찬송하게 하심이니 여호와 나의 하나님이여 내가 주께 영원히 감사하리이다(시 30:11~12)

　그리고 지금 감사하십시오. 지금, 그 자리에서 일어나십시오. 덩실 덩실 감사의 춤을 추십시오. 바로 지금, 이 시간 기적이 일어납니다. 이것이 주님의 말씀이고 진리(眞理)인 것입니다.

2012년 9월

오종천(吳鍾千)

하주열 · 예주열

(愛己 하주열 · 예주열 → 成忍 하주열 · 예주열)

지난 여름 그 무덥던 날, 그 넓고 푸른 잎

고운 자태로 뽐내더니 이젠 깊이 숨었구나.

그대가 머물던 옥상정원에도 스산한 가을바람이 불어오고

그대와 함께 하던 남은 쪽파 몇 쪽을 뽑았으니

이젠 한 해가 가겠구나.

폭풍 한설이 몰아치고 그대 몸이 으스러져

그대 이름을 부를 수 없으니 정말 한해가 가는구나.

지난해 그대가 우리 곁을 떠나 갔어도

그대 여운이 아직 남아있어 가슴에 여울이 되어 있구나.
그리도 추운 지난겨울을 용케도 잘 견디어
새봄에 싹이 돋았구나.
그대 두 잎이 어찌 그리
실(實)하게 자랐는지 참 고맙고 감사하구나.

두 줄기에 두 열매가
지긋지긋한 올봄 가뭄에도 꿋꿋하게 자랐구나.
그리도 당당한 큰 열매를 맺혔으니 그대 이름을
하주열(하나님이 주신 열매)·예주열(예수님이 주신 열매)이라 부
르노라. 나 그대와 함께 하는 나날이 너무너무 행복하단다.
하주열아 예주열아. 내 사랑이!

따스한 봄 햇살이 내리 쪼이는 휴일 오후에 우연히 우리 집 옥상에 올랐다. 도시의 어느 주택처럼 우리 집 옥상에도 몇 개의 화분이 있다. 그 화분에 흙을 채워 각종 채소를 조금씩 가꾸어 왔다. 올해에도 역시 채소를 가꿀 계획이다. 작은 화분 몇 개를 옥상에 여기저기에 놓아 채소를 가꾸는 것 보다 사용하지 않는 물탱크를 반으로 절단하여 사용하는 것이 효과적이라는 아내의 제안이 있었다.

작년에 폐 물탱크를 반으로 절단하여 여러 개 화분에 있던 흙을 탱크로 옮겨 가득히 채웠다. 그리고 고추와 호박을 심었다. 고추는 알

수 없는 병으로 잎이 마르고 시들시들하더니 메말려 버렸다. 그래서 한 개의 고추도 수확하지 못했다. 호박은 심어 잎은 무성하게 자랐으나 열매를 맺지 못하고 작년 농사를 마무리 했다. 그래서 작년가을 죽어버린 고추와 시들어 버린 호박을 깨끗이 정리하고 쪽파를 심었다.

조그만 공간에 식물을 가꾸는 재미와 보는 재미를 느끼는 것이 도시농업의 즐거움인 것 같았다. 작년 가을 스산한 가을바람이 불어오고 겨울이 다가오고 있었다. 심어 놓은 채소는 없고 자라는 채소도 없으니 옥상을 별로 올라갈 볼 필요가 없었다.

지난 가을과 겨울에 거름을 만들기 위해 채소를 다듬고 남은 것들이며 과일 껍데기를 물탱크의 반을 잘라 조각정원을 만들어 놓은 곳에 버렸다. 그리고 서울 근교의 산에 가서 흙을 파 옮겨와 가득하게 채워 놓았다.

하루가 가고, 이틀이 지나고 겨울이 바뀌어 봄이 되었다. 물탱크 정원에 넣어 둔 채소 쓰레기와 과일 껍데기는 어느덧 기름진 퇴비가 되어 가고 있었다. 그리고 겨울의 긴긴 눈보라와 바람에 움츠리고 있던 새싹들이 힘을 얻어 돋아나고 있다.

올해 4월 초순이었다. 휴일 아침에 옥상에 올라 평상시와 다름없이 주변에 있는 많은 주택을 바라보며 심호흡을 해 본다. 숲이 어우러지는 좋은 환경에서 맑은 공기를 마시며 생활하기를 원하는 도시인들은 많지만 그러한 환경을 찾기란 쉽지 않은 것 같다. 그저 주어진 환경을 타개하기 위해 노력할 뿐이다. 그나마 멀리 보이는 대방 근린 공원에 숲을 바라보면서 큰 위안을 삼고 있다.

그래도 내가 살아가는 곳은 가까운 곳에 많은 나무가 숲을 이루고 맑은 공기를 제공하고 있으니 얼마나 다행인가? 먼저, 오늘 아침을 깨우신 하나님의 은혜를 생각하며 가벼운 운동으로 몸을 풀어가면서 활력이 넘치는 하루를 기약해 본다.

몸을 풀고 나서 옥상에 있는 물탱크 흙을 바라보는 데 이름 모를 몇 개의 새싹이 돋아 있다. 자세히 살펴보았다. 무슨 새싹인지 알 수는 없으나 아주 조그만 새싹들이 헤아릴 수 없을 만큼 많이 돋아나고 있었다.

무슨 새싹들이 이리도 많을까?

아직 아무 씨앗도 심지 않았는데 이리도 많이 새싹이 나올까?

작년에 심지 않고 버려진 채소와 과일에서 자라는 것일까?

고추 씨앗일까, 아니면 호박씨앗일까?

참으로 궁금했다. 지난해에 고추와 호박 어느 것도 열매를 맺지 못해 한개도 수확이 없었는데, 좋지 않는 새싹들을 모두 뽑아 내버려야 할 것이 아닌가 생각했다. 하루하루 시간이 가면서 새싹이 자라 그 모습들이 어떤 식물형체인지 알 수 있었다.

그중에서, 필요 없는 새싹은 제거해 버리고 필요한 것만 그대로 두어야 되는 데 선별해서 제거하기란 그리 쉬운 일이 아니었다. 작년에 열매를 맺지 못하고 잎만 무성했던 호박과 병충해로 자라다 죽어버린 고추의 싹을 그대로 두어야 할지 말아야 될지도 생각해 봐야 한다. 이 좁은 공간에 다양한 채소를 심어 가꾸어야 하기 때문에 많은 새싹을 그대로 둘 수는 없다.

우리가 4월 중순 안으로 심을 수 있는 씨앗은 콩, 호박, 시금치, 알타리, 얼갈이, 상추, 배추, 대파, 쑥갓, 아욱, 감자, 근대, 당근, 옥수수, 콩, 갓 중에서 한 두 가지 씨앗이다. 이 좁은 공간에 씨앗도 뿌리고 모종도 옮겨 심어야 하기 때문이다.

가장자리에 아주 귀엽게 자란 두 개의 호박 싹을 두고 나머지는 모든 싹들을 뽑아 버렸다. 그리고 그 빈자리에 상추씨를 뿌리고 고추 모종은 시중에서 구입하여 심어 놓았다. 올 봄은 긴 가뭄으로 인해 새싹을 기르는 데 많은 어려움이 있었지만, 매일아침 물을 주고 온갖 정성을 다한 아내의 귀한 사랑을 알았을 까, 상추씨앗을 뿌린 지 2주정도 되어 새싹이 여기저기에 돋았다.

모종으로 옮겨 놓은 고추는 자라면서 제법 제자리를 잡아가고 있다. 하루하루 시간이 가면서 호박과 고추와 상추가 자라 물탱크의 좁은 공간을 채우고 있다. 아주 좁은 공간에 있는 채소들이지만 매일 새벽아침에 지극 정성을 들이고 있다.

새벽예배를 드리고 온 후에 일과처럼 옥상으로 올라간다. 생동감 있게 자라고 있는 채소들의 모습을 보면 세상에서 느껴 보지 못한 재미를 얻는 것만 같다. 삭막한 도시의 생활공간에서 식물에게 정성에 솟고 그 식물이 자라고 모습을 보고 있다는 것이 한없이 기쁘다.

하루하루 시간이 가면서 옥상에 심어 놓은 호박과 고추, 상추. 방울토마토, 부추, 취나물이 옥상 한 구석을 푸르름으로 가득히 채워져 간다.

싱그러운 5월, 신록의 계절이 되었다. 채소들이 하루하루가 다르게 자라가고 있다. 초여름으로 넘어가는 길목에서 호박도 많이 자라 줄기에 잎이 나고 곧게 서다가 윗부분이 덩굴로 되어 길게 뻗어 간다. 호박 줄기는 뻗어 가면서 매 놓은 줄을 따라 감기도 하고 펴기도 한다. 호박덩굴 한줄기 한줄기마다 저렇듯 삶에 대한 애착을 갖고 가는 줄을 부여잡아 감고 꼬이며 뻗이 가고 있다.

하루가 다르게 뻗어 가는 호박 줄기의 삶, 그 모습이 애처롭다. 이 줄을 따라 힘차게 뻗어가는 호박덩굴에 한잎 두잎 피어나는 넓은 호박잎에 그려진 선명한 줄무늬이며 유난히 많은 하얀 솜털이 솟구치고 있다.

모종을 구입하여 옮겨 심은 고추와 방울토마토, 씨앗을 뿌린 상추. 작년에 심어 놓은 부추와 2010년 우리 교회가 하기수련회를 "문래동성결교회 파주광탄수련관"으로 다녀오면서 인근 산에서 채취하여 심어 놓은 취나물들이 함께 어울려서 잘 자라고 있다.

신록의 5월이라 했던가, 채소들이 하루가 다르게 자라고 있다. 아주 작은 상추씨를 아내와 함께 뿌릴 때 새싹이 날까 의문을 많이 가졌다. 도무지 믿음이 가지 않아 씨앗을 뿌리면서도 몇 번씩 아내에게 물어보곤 했다. 그런데 하루가 다르게 상추 씨앗의 새싹이 돋아나 제법 공간을 가득히 채우고 있다. 그런데 올 봄에 심지도 않은 호박이 돋아나 하루가 다르게 자라고 있다.

웬일일까? 씨앗을 심지도 않았는데 싹을 틔우고 나서 자란 호박에 더욱 더 관심이 간다. 무슨 호박일까?

애호박일까? 단호박일까? 청둥호박일까?

그렇지 않으면 작년처럼 줄기와 잎만 무성하게 자라 열매는 하나도 맺지 못한 점보핑크 바나나 호박일까? 아니면 점보바나나 흑골 호박일까? 점보바나나 국수호박일까?

모든 것이 궁금했다. 지난달에 수줍은 듯이 세상을 향해 살포시 얼굴 내밀고 나온 호박 새싹이 이제 제법 탐스러운 모습으로 자라고 있다. 호박 덩굴에 한잎 두잎이 나고 줄기도 힘차게 뻗어 간다. 덩굴이 한마디 두마니 뻗어 갈 때마나 손보다 더 넓은 잎 들이 여기저기에서 피어나고 있다. 5월 중순이 되니 한 송이 피어 있는 노란 호박꽃이 아름답다.

예수께서 이 모든 것을 무리에게 비유로 말씀하시고 비유가 아니면 아무 것도 말씀하지 아니하셨으니 이는 선지자로 말씀하신바 내가 입을 열어 비유로 말하고 창세부터 감추인 것들을 드러내리라 함을 이루려 하심이니라 (마13:34-35)

「푸른 줄기와 잎이 자라 숲을 이루고 있다. 이곳 저곳에 자란 새로운 줄기에서 탐스러운 새 순(筍)이 돋아난다. 여러개의 새 순(筍)중 아주 강력한 힘을 가진 2개 만이 나를 향해 쭉 뻗어 왔다. 내 앞으로 길게 뻗은 2개 순(筍)이 탐스럽고 실(實)하다. 그것들을 지면(地面)으로 떨어지지 않도록 받침대를 만들라 한다」

주님께서 보여주신 것(2012. 5. 16, 04시)이다. 처음엔 보여주신 것이 무엇인지를 분별할 수 없었다. 보여주신 지 하루가 가고 이틀이 흘러가도 분별할 수 없었다. 도무지 내용인지 다른 특이 사항이 없어 시간만 흘러갔다. 주님일기에는 기록해 놓았지만 분별할 수 없어 궁금했다. 주님이 보여주신 것은 일점일획도 변함이 없으시고 반드시 열매가 있는데 시간이 가면서 보여주신 것들에 대한 기억이 사라져 가고 있다.

분명, 생물에 대해 비유로 한 것인데 무엇을 뜻하는 내용일까? 그 열매는 궁금했지만 하루하루 보내면서 많은 것을 생각하게 했다.

도시에 살아가는 주부들은 농촌처럼 많은 채소를 직접 재배하지 않기 때문에 화분과 사각스티로폼 박스, 조그만 공간을 확보하여 채소 씨앗을 뿌리고 가꾸면서 도시농업을 하는 재미에 흠뻑 빠져 들기도 한다.

옥상에서 수확한 채소를 나누어 먹기도 하면서 즐거움과 보람을 갖기도 하는 것 같다. 아내도 다른 어느 가정주부처럼 옥상에 심어 놓은 채소를 바라보며 아침과 저녁으로 많은 정성을 들여 가꾸고 있다.

하루가 다르게 자라고 있는 채소를 보면 너무도 즐겁고 기뻐했다. 올봄은 유난히 긴 가뭄이 심했는데 매일 아침과 저녁으로 채소에 물을 주고 잎에 붙어 있는 해충벌레를 낱낱이 잡아 주고 있다. 정성스런 아내 모습을 알았을까. 하루가 다르게 채소가 자라고 있다.

지성이면 감천이라고 했던가 하루하루 날자가 가면서 고추와 상추가 무성해지고 호박 줄기가 뻗어 간다. 연약한 줄기에 파란 호박 두 개가 열려서 자라고 있다.

이제 5월이 가고 6월이 되니 이제 제법 채소들의 줄기와 잎이 자라 심어놓은 공간을 가득히 채워가고 있다. 두 포기 호박이 자랐는데 한 포기는 고추 그늘에 가려 성장하지 못하고 있다. 한 포기만 튼튼하고 더욱 싱싱하고 자라고 있다.

상추와 고추, 방울토마토, 취나물, 호박이 함께 자라고 있다.

6월 중순이 되었다. 작년에는 호박 줄기가 뻗어가면서 호박잎만 무성하게 자라 열매를 전혀 맺지 못하더니, 올해는 줄기가 뻗어가면서 노란 수꽃과 암꽃을 수 없이 피우고 있다. 또한 시일이 갈수록 어디서 어디에서 날아 왔는지 알 수 없는 호박꽃 벌들이 계속 날아와 수정을 하고 있다.

6월 내내 호박 줄기가 계속 뻗어 가면서 마디마디 마다 꽃이 많이 피고 탐스러운 열매가 계속해서 열리고 있다.

지난 4월에 세포기의 호박이 싹이 돋아 한포기는 자라면서 죽었고 한포기는 튼튼하고 실하게 자랐고, 다른 한포기는 고추 잎과 상추그늘에 가려 자라지 못하고 아주 연약한 모습으로 있다.

줄기가 실(實)하게 자란 호박덩굴 줄기가 지면에서 10㎝정도에서 세 개의 줄기로 나눠 자라고 있다. 한 줄기에서 세 줄기로 나뉜 호박 줄기인데도 마치 지면에서부터 세 포기 줄기로 자란 것처럼 경쟁적으로 뻗어가고 있다. 세 줄기에서 여러 개의 호박꽃이 피고 열매를 맺는 것같이 보인다. 마치 경쟁을 하는 것처럼 꽃이 피고 호박이 열리고 있다.

참으로 이상한 기(奇)이한 현상이 나타난다. 매일 아침과 저녁으로 호박이 자라는 모습을 관찰하여 보니 처음 암꽃에서 수정하여 아주 싱싱하게 자란 호박들이 자라면서 모두 노랗게 변하여 떨어지고 있다. 쉴 사이 없이 호바 수꽃과 암꽃이 피고 많은 빌들이 와서 수성해서 호박은 열리는 데 조금만 시간이 지나면 노란색으로 변해 떨어져 버린다. 호박의 지름이 1cm~1.5cm 정도 되면 처음에는 그렇게 싱싱하고 선명하던 호박의 색상이 금새 변해 버린다.

시들어버린 호박 모습

처음에는 어느 호박처럼 연녹색의 선명한 줄무늬를 띠다가 하루 이틀이 되면 표면이 노란색으로 변하고 이어서 까만 모습으로 떨어지고 만다. 한 두 개가 아닌 계속해서 열리는 호박마다 똑 같은 모습이다. 그런데 특이하게 원뿌리 줄기에서 5월 중순에 열린 호박 2개만은 건실하게 자라고 있다. 오직 2개의 호박만이 자랄 뿐이다.

2개의 호박은 하루하루 시간이 가면서 제법 싱싱하고 탐스러운 호박으로 자랐다. 지난 6월 23(토) 호박 크기(지름)가 하주열(하나님이 주신 열매)은 16㎝, 예주열(예수님이 주신 열매)는 14㎝정도 자랐다. 이젠 호박 받침대를 설치하지 않으면 호박줄기가 호박을 지탱할 수 없을 것 같아 정성을 들여 호박 받침대를 제작설치했다.

주님께서는 우리가 심지 않은 호박 새싹을 많이 돋아나게 하시고 그중 가장 실(實)한 두 포기를 선택하여 기르도록 하셨다. 또한 호박 한포기가 고추 그늘에 가려 성장이 되지 않자 호박 한포기에 세 줄기로 나누어 성장시켜 그 중 두 줄기에 한 개씩 두 개의 호박열매를 맺도록 하셨다. 연녹색 줄무늬를 띠던 호박껍질이 7월초가 되면서 더욱 진한 녹색으로 호박표면을 매끈하게 변화시켰다.

표면의 색상이 변한 7월 7일(토)의 크기는 하주열 24㎝, 예주열이 20㎝이다. 만유에 주재이신 주님이 2개의 호박을 직접 생육일정을 주관하고 계신다는 것을 생각할 때마다 놀라움과 감사함을 금할 수 없다.

어떻게 보면 사소한 채소 한포기도 주님이 주관하고 계신다는 것을 생각할 때마다 더욱 정성을 다해 가꾸어야겠다고 다짐했다. 7월 16일 월요일에는 하주열은 27㎝이고 예주열 22㎝가 되었다. 지난번 나무로 제작한 받침대 밑에 농촌에서 사용하는 쌀자루를 호박 밑에 깔판으로 깔아 안락하게 성장할 수 있도록 했다.

그러나 여름철 장마로 인해 호박 밑에 깔아놓은 쌀자루가 계속 젖어 있어 호박 밑동이 썩을 수도 있었다. 우리 가족은 호박에 대한 지대한 관심은 있었으나 젖어 있는 쌀자루으로 인해 호박이 상할 수도 있을 것이라는 생각을 전혀 하지 못했다.

이에 주님께서 옥상으로 사람을 보냈는지 알 수는 없지만, 생각지도 않는 사람이 옥상으로 올라왔다. 옥상은 오직 우리 가족만 사용하는 공간이다. 5년 이상 우리와 함께 실면서 한 번노 옥상으로 올라오지 않던 2층에 사신 아주머니가 갑자기 올라오신 것이다.

옥상에 가꾸어 놓은 채소를 하나하나 둘러보고 있었다. 고추와 방울토마토 상추 깻잎 부추 호박을 하나하나 보더니 호박이 너무 잘 자랐다고 했다. 전에 한 번도 옥상을 올라오지 않는 사람이었기에 의외였다. 호박 밑에 깔아 놓은 배 자루를 꼼꼼히 보더니 잘 못되었다고 했다.

왜, 호박 받침대 위에 쌀자루를 깔아 주었느냐고 묻는다. 여름에 계속되는 장마로 인해 호박 밑면이 상해 물러질 수 도 있다고 했다. 그러더니 즉시 1층으로 내려가 후럭시블 PVC 파이프로 둥글게 휘어

받침대를 만들어 가지고 왔다.

호박 밑에 깔아 두었던 배 자루를 치우고 새로운 둥그런 받침대에 올려놓았다. 둥그런 받침대가 통풍이 잘되 크는데도 매우 좋을 것 같다. 이렇게 해서 하주열과 예주열은 주님과 우리 가족의 따뜻한 보호아래 잘 자라고 있다.

우리네의 삶에서 호박은 아주 사소한 것이라고 할 수 있지만 이런 생물 하나도 하나님의 주권아래 있다는 것을 깊이 깨닫고 온 정성을 다 하고 있다. 범사에 기한이 있어 호박이 언제까지 성장할지 알 수 없지만 계속 자라고 있다. 호박덩굴 한줄기는 10m정도 자랐고 다른 하나는 6m정도이다. 또한 계속해 암꽃과 수꽃이 피고는 있지만 오직 2개의 호박, 하주열 · 예주열 외에는 어떤 결실도 없다. 참으로 특이하게 두 개의 호박 하주열과 예주열만이 경쟁적으로 자라고 있다.

하주열은 원(原) 뿌리로부터 80cm에서 호박이 열리고 그 줄기도 5m정도 뻗어갔다. 그러나 예주열은 60cm정도 자란줄기에서 호박이 열렸으나 그 줄기는 더 이상 뻗지 못하고 호박이 열린 이후 줄기는 끝을 맺고 말라 버렸다. 노랗게 익어가는 하주열의 크기는 28cm, 예주열 크기는 26cm정도이다. 한 줄기는 열매는 맺지 못하고 계속 줄기만 뻗어가 10m정도 되었다. 이 줄기에는 호박 수꽃과 암꽃만이 무성하게 피어 호박으로서 형태만 갖추었지 호박은 계속해 열렸지만 마무리를 하지 못하는 줄기가 되었다.

하주열과 예주열이 연녹색의 청순한 옷을 입고 맘껏 뽐내더니 어느새 진녹색의 옷을 갈아입고, 이제 이별을 위한 노란색 옷으로 갈아입고 있다. 그동안 줄기에서 공급되는 영양분을 그리도 잘 받아 아름답고 탐스러운 모습으로 자라더니 떠나려 한다. 이제 시간이 흘러가면 하주열과 예수열의 아름답고 고운 자태를 볼 수는 없겠지만 함께 했던 날들이 너무 고맙고 감사했다.

그대들의 그 모습을 오래오래 마음속 깊이 간직하리라. 신기하기도 하고 대견하기도 했던 하주열과 예주열의 아름답고 행복한 만남이 주님의 은혜이요 사랑이 아닌가 한다.

하나님께서는 하나님께서 창조하신 세상을 지켜 보호하시며 돌보시고 계신다. 이세상에 일어나는 모든 일들을 하나님의 계획 안에 운영되고 있다. 인생의 생사화복도 채소의 성장과 멈춤도 하나님의

섭리 가운데 있다. 이세상에는 단정코 우연은 없다고 생각한다. 이
것이 진리이기에 오직 감사만이 있을 뿐이다.

천하에 범사가 기한이 있고 모든 목적이 이룰 때가 있나니, 날 때가 있고, 죽을
때가 있으며, 심을 때가 있고, 심은 것을 뽑을 때가 있으며.(전 3:1-2)

〔하주열과 예주열 예찬〕

시멘트 건물로 겹겹이 쌓인 주택옥상에
포송포송 솜털을 머금은 채 푸른 두 잎이
수줍은 듯 살포시 얼굴을 내밀더니
그리도 긴 가뭄에 지친 몸을 잘도 견뎌
이 세상 그대 힘 자랑 참도 잘하더군

굳센 줄기 뻗고 검푸른 잎도 펴고
이 줄기 저 줄기 암꽃 수꽃
어여쁘게 많이도 피더니만

형님 줄기 하주열을 메고
동생 줄기 예주열을 지고
형님 먼저 아우 먼저 양보라도
하는 듯이 그리도 잘 크더니

짙게 푸른 겉옷을 가슴속에 감추우고
누렇게 익은 황금들녘에 벼들처럼
하주열과 예주열이 옷을 갈아입고 있다
점잖은 듯 도도한 듯 고개 숙인
그대들은 하주열과 예주열이라
할렐루야.

주 오늘 여기 계시오니

1

세상이
열리다

만물이 그로 말미암아 지은바 되었으니 지은 것이 하나도 그가 없이는 된 것이 없느니라. (요 1:3)

한국에서 제철소 건설이 되느니 안 되느니 하는 회의적인 분위기 하에서 우국선열들의 피의 대가인 대일청구권 자금을 비롯해, 물경 1,200억 원을 투입하여, 장장 38개월에 걸쳐 시행한 공사의 최종 성공여부를 판가름하는 첫 출선이야말로 성공 아니면 죽음뿐이었다.

1973년 6월 9일 7시 30분, 성공적인 출선을 갈망하며 숨을 죽인 가운데 펑 소리와 함께 오렌지 빛 쇳물이 콸콸 쏟아져 나오기 시작했을 때 만세! 만세! 하며 공장이 떠나가도록 환호성을 울렸었다.(박태준회장 회갑문집 옮김)

포항제철(주)은 1968년 4월에 창립식을 갖고 대장정을 시작하였다. 그로부터 10여 년이 경과된 1978년 6월에 나는 포항제철에 입사했다. 처음으로 본 포항제철은 동해의 푸른 바다 영일만 광활한 대지 위에 우뚝 서 있는 너무 멋있고도 아름다운 회사였다. 포항제철은 철광석을 용광로에 넣고 코크스로 가열하여 용선(쇳물)을 생산하는 회사였다.

포항제철의 위용은 정문의 경비부터 달랐다. 근무를 서고 있는 경비 근무자는 국가 기간산업을 지키는 근무자답게 위풍당당한 모습이었다. 출입자를 한 사람, 한 사람을 꼼꼼히 체크했다. 명찰은 패용했는지 복장은 단정한지에서부터 가방에 들어있는 것 까지도 점검해 마치 군대 위병소와 같은 모습이다.

기간산업체로서의 포철의 내부분위기는 흡사 군대에서의 생활과 같았다. 엄격한 직장분위기에도 직원들은 별다른 불만이 없었다. 세상에 첫발을 디딘 초년생인 나는 참으로 좋은 직장이었지만, 포항지역이라는 특수성과 근무를 교대로 하고 있어 이를 극복하는 데 어려움이 있었다.

그러던 어느 날, 퇴근해 타부서에 근무하는 직원들과 함께 회사생활에 대해 대화를 나눌 기회가 있었다. 그때, 마침 한 동료직원이 지방근무가 싫어 서울시 공무원 공채시험에 응시하려 간다고 했다. 그의 말을 듣고 친구 따라 강남 가는 제비처럼 시험에 응시해보기로 하고 응시원서를 접수하러 서울 가는 길에 접수를 부탁했다.

매일매일 회사에 출근을 해야 하는 나는 사실 많은 시험 준비를 할 수 없었다. 그저 하숙집에서 동료들이 쉬고 있을 때 틈틈이 시험 준비를 했다. 그런데도 먼저 시험을 준비했던 그 동료는 운이 없어 합격하지 못하고 운 좋게 합격을 했다.

사회 초년생으로 포항제철에 입사한 지도 몇 개월밖에 되지 않아 업무파악도 다 되지 않은 상태에서 갑자기 이직을 생각하니 무엇인가 부족한 듯 했다. 별 다른 준비 없이 공무원시험에 응시를 했으니 더 그러했다. 서울시 발령받은 그날까지 공무원시험에 합격한 사실을 회사의 직원들에게 전혀 알리지 않았다. 그 때가 제선부의 주물선공장에 근무하는 팀 리더 지준완 선배, 차석인 서성구 선배, 김원웅 선배, 박기화 씨, 황보 씨로부터 같이 근무하는 팀 막내로 많은 지도와 사랑을 받고 있을 때였다.

세상에 첫걸음을 했던 나로서는 엄청난 제철소 설비를 운전하는 기술자로서 많은 것을 배우고 있었다. 처음엔 제철소 근무를 그분들과 함께 잘 할 수 있을까, 낯설고 물 설은 곳에서 걱정이 앞선 때도 있었다. 그러나 그분들의 배려와 인도함이 큰 힘이 되었다.

지금까지 나는 한 번도 직장생활을 해본 일이 없고 돈을 벌어본 경험이 없었기에 말이다. 이젠 세상에 태어나 부모님과 주변으로부터 도움을 받아 배움과 생활을 하는 사람에서 스스로 돈을 벌어가면서 살아가는 사람이 된 것이다. 일을 하면서 새로운 보람을 찾고 인생의 의미가 무엇인가를 터득해 가야 하는 시기였다.

홀로 포항에서 살아가는 삶이였지만 선배의 배려와 동료들의 이해와 협조로 별 어려움은 없이 잘 할 수 있었다. 드넓은 푸른 동해바다와 회사 앞을 도도히 흐르는 형산강과 어우러지는 제철소의 위용은 긍지와 보람을 갖기에 충분한 모습이었다. 늦은 밤 퇴근길에 보이는 제철소의 야경은 너무도 멋있고 아름다워 회사에 근무하는 직원으로서 자부심과 자긍심을 갖기에 충분했다.

포항제칠은 수천 명씩 때론 수백 명씩 노란제복 사나이늘이 줄근과 퇴근시간에 오토바이와 자전거를 타고 움직이는 것을 보면 흡사 아프리카의 세렁게띠 초원에 누우떼처럼 한바탕 소동이 벌어지기도 했다.

▌형산강 다리 위 출근하는 포철 직원들

24시간 종일 가동되는 제철소는 3교대 근무를 하기 때문에 흥미로운 일들이 참 많았다. 2만여 명이나 되는 직원들 보수를 받는 날이면 포항 시내에 돈이 넘쳐 음식점은 물론이고, 각종 의류를 판매하는 곳이든 어느 곳이나 손님이 넘쳐난다고 했다.

당시만 해도 마땅한 일자리가 없어 전국 팔도에서 모여드는 직원들이 길거리에서 또는 음식점에서 대화를 하는 것을 보면 경상도, 전라도, 충청도, 강원도 할 것 없이 전국팔도 사투리로 연출하는 모습들이 참으로 흥미로웠다. 내가 숙식하는 하숙집은 형산강에 인접해 있는 해도동에 있는 조그만 주택이었다.

11명이나 되는 남자 하숙생들로 가득 차 있었고, 매일 교대 근무로 인해 잠시도 집안이 조용한 날이 없었다. 전국의 팔도에서 다 모인 하숙생들이 매일 24시간을 3교대로 근무하고 있어 오전 7시와 오후 3시, 밤 11시에 몇 명은 출근하고, 몇 명은 퇴근하는 일이 매일 반복되었다. 하숙집 주인은 초등학교 선생님인 남편과 아주 자상하고 열심히 살아가는 아주머니의 모습이 참 인상적이었다.

하숙집 아주머니가 아들에게 부르는 호칭은 항상 이 소상(疏上)아 아저씨들 밥 "묵어 라고 해라" 항상 이렇게 불렸다.

어느 날 초등학교 선생인 주인장 아저씨가 한말이 기억에 남는다.

"젊은이들, 앞으로 초등학교 선생을 하지 않았으면 해. 남자의 생각이 자꾸만 작아지더라고 말씀하시면서 그 이유를 하나하나 설명해 주었다.

매일매일 몇 푼 안 되는 공납금을 받아야 되고 사소한 준비물을 계속해서 어린아이들에게 받아 내야 되니 말이지. 내가 대학을 나와 처음 선생이 되었을 때는 어린애들에게 돈을 가져오라는 것이 너무 마음에 걸려 몇 달 동안은 선생인 내가 모든 것을 부담했었지.

그것도 하루 이틀이어야 감당을 하지.

각종 공납금과 준비물이 사소한 금액이지만 계속해서 요구를 해야 하니 감당할 수가 없더라고! 그래서 어린이들에게 집에서 가져오라고 했지. 그래서 남자가 자꾸만 작아지더라고….

이런, 저런 이야기를 통해 우리 하숙생들에게 무례함을 달래주었던 좋으신 하숙집 아저씨, 아주머니였다.

전국의 팔도에서 온 하숙생들이라 하숙생활은 활기가 넘치고 있었다. 그리고 그들의 출신지역에 따른 갈등과 오해 등으로 흥미로운 일이 많았다. 어느 날에는 퇴근 후에 피곤한 몸을 달래기 위해 하숙집과 가까운 목욕탕을 나오는 데 연세가 지긋한 아주머니가 왜 "여성이 남탕에서 나오느냐"고 하는 말을 들은 적이 있었다. 그분의 눈에는 내가 여성으로 보였나 보다. 내가 조그만 키에 예쁘장한 얼굴로 여성으로 보였나 보다. 시골 어머니들이 들에서 일할 때 머리에 쓰는 수건을 뒤로 두루고 목욕탕에서 나왔기 때문에 착각을 했나 보다.

어떻든 포항에서의 회사생활은 아름다운 추억으로 간직하고 있다. 포항에서 사회초년생으로 근무하는 동안 아버님으로 받은 특유의 친화력으로 회사 선배와 동료들 하숙집에 함께 했던 회사 직원들과 어울려 새로운 세상을 배우는 데는 큰 어려움은 없었다.

1978년에 우리 국민들은 먹고 살기가 그렇게 좋았던 때가 아니었던 것 같다. 그 당시 회사에는 특별한 야식이 있었다. 시중에는 몇 가지 종류 봉지라면이 있었지만 컵라면을 판매하지 않을 때였다.

회사에서 야간근무 때 야식으로 주는 간식은 상표가 없는 컵라면이었다. 야간근무 때 야참으로 지급되는 컵라면을 1,500℃이상이나 되는 용선(쇳물) 온도가 약간 떨어진 다음에 양은 노란냄비에 라면을 넣고 쇳물에 잠시 올려놓아 끓여 먹으면 맛이 일품이었다. 그때의 그 라면 맛은 지금도 잊을 수 없다.

제철소에는 많은 설비가 자동화가 되었다고 하지만 설비 하나하나가 매우 위험하기에 잠시도 방심하면 안 된다. 엄청난 동력을 전달하는 방대한 설비에 의해 철광석을 용광로에 넣고 코크스 열원으로 쇳물(용선)을 생산하고 그를 통해 철강제품을 만드는 중차대한 일을 우리가 했다.

생사고락을 함께 했던 동료들에게 시험을 보려 다니면서도 전혀 눈치 채지 못하게 하여 합격하고 발령받은 것까지 일체를 감추고 있었으니, 그때를 돌이켜 보면 생각이 많이 부족했나 보다. 그러기에 나중에 동료들로부터 많은 이야기를 듣기는 했지만 말이다.

포항에서 사회초년생으로 8개월을 생활하는 동안 잊어지지 않는 것이 하나 더 있다. 회사에서 월 보수를 탈 때마다 담배를 사 모아 고향에 계신 아버지께 보내 드렸던 일이다. 첫 달 보수를 받을 때에는 어느 누구처럼 현금과 부모님 속옷을 사서 보내 드렸다. 두 번째 달부터는 열심히 담배를 사 모았다. 어려서부터 보아 왔던 아버지의 담배사랑이 너무 크셨기 때문이다.

우리는 살아 계신 하나님의 성전이라(고전6:16).

그러므로 형제들아 내가 하나님의 모든 자비하심으로 너희를 권하노니 너희 몸을 하나님이 기뻐하시는 거룩한 산제사로 드리라 이는 너희의 드릴 영적 예배니라 너희는 이 세대를 본받지 말고 오직 마음을 새롭게 함으로 변화를 받아 하나님의 선하시고 기뻐하시고 온전하신 뜻이 무엇인지 분별하도록 하라(롬12:1-2)

아버지의 그 모습을 계속해서 보아왔기에 어른이 되면 누구나 담배를 당연이 태우는 좋은 것인 줄 알고 있었다. 우리아버지는 매일 새벽 먼동이 틀 때면 어김없이 일어나서 그 때마다 큰 기침하시고 새벽담배를 한 대를 태우셨다. 산골에 어른들은 누구나 담배를 태우고 계셨기에 나이가 들면 당연히 담배를 배워야 하는 것으로 알고 있었다. 담배를 좋아하신 아버지께 효도하고 싶어서 포항에서 열심히 담배를 사서 모아 소포로 고향으로 보내드렸다.

그 당시, 시골에서는 담배를 구입하기가 매우 힘들었다. 특히 시골에는 누런봉지 담겨 있는 봉초담배는 모르지만 고급필터가 있는 담배는 시골에 계신 어르신들이 구입해서 피우시기에는 매우 어려웠다. 보수를 받을 때마다 백갑 이상 담배를 종류별로 사 모아 소포로 포장해서 고향 아버지께 보내 드리면 온 마을에 자랑거리가 되고 있었다 한다. 내 고향 산천에 그때 칭찬해 주셨던 보고 싶은 아버지와 어르신들의 그 모습이 눈에 선하고 그립다.

그러나 하나님께서 세상의 미련한 것들을 택하사 지혜 있는 자들을 부끄럽게 하려 하시고 세상의 약한 것들을 택하사 강한 것들을 부끄럽게 하려 하시며.(고전 1:27)

공직 첫 발령(79. 1. 20)을 받았을 때 일이 었다. 동대문구청 3층 회의실에서 발령을 받고, 청소과 사무실 지정해주는 자리에서 아무 말 없이 앉아 있었다. 둘째 날에, 선 임인 강명원 주임에게 물었다.

"저! 저어! 청소는 언제 하러 가요?"

"무슨 청소를 하러 가? 그 자리가 네 자리 야. 너는 사무실에서 근무할 공무원이야."

퉁명스런 주임의 말을 들어야 했다.

2
:
하나님의 사랑을 깨달았다면

'아, 그렇구나.'

갑자기 생각도 없이 포항제철을 퇴직하고 공직으로 왔으니 참 어리석은 출발이었다. 공무원의 신분이 무엇인지, 무슨 일을 하는 것인지를 전혀 알지 못하고 시험에 응시했고 발령을 받은 날까지도 이에 대한 이해나 준비가 되어 있지 않았으니 참 그렇다. 강주임의 말을 듣고 사무실에서 근무할 공무원임을 확인한 다음 포항에 내려가 사직서를 제출했다. 제철소에 함께 했던 동료들은 많이 섭섭해 했고 야속하다는 말도 들었다. 그래서 포철제철(주)에서 사직서는 한 달이 경과된 2월 23일에 처리가 되어 월급을 두 기관에서 받는 다소 모순된 행운을 갖기도 했다.

이렇게 시작된 서울시 공직생활을 청소분야에서 시작된 것을 행운으로 생각했다. 어떤 공직자들은 청소분야를 선호하지 않을 수도 있겠지만 지금까지 환경에 관심이 없었던 나를 환경에 대한 새로운 인식을 갖게 된 계기가 되었다.

또한 환경 개선을 통해 남을 배려할 수 있고 헌신을 통해 다른 사람들에게 즐거움을 줄 수 있다는 것이 얼마나 아름답고 좋은가. 거리에 있는 휴지조각 하나도 소홀히 하면 누군가가 나로 인해 수고를 해야 된다는 것을 알았다. 이것이 얼마나 모순된 행동인가?

동대문구에서 발생하는 수많은 쓰레기를 운반하여 난지도에 매립하는 것을 보면서도 환경에 대한 중요성을 처음에는 깊게 깨닫지 못했다. 하지만 하루하루 시간이 흘러가면서 이에 대한 새로운 인식을 갖게 되었다. 길가에 아무렇게나 있는 풀 한포기와 개천에 흐르는 한줄기 물도 소중하게 다루어야 한다는 것을 알았다.

공직에 입용 된 지 2년여 밖에 되지 않았지만 79년 10.26 갑작스런 정변으로 80년 말에 승진의 행운도 얻었다. 이어서 서울시로 발령을 받아 종합종말처리사업소로 근무지를 옮겼다. 동대문구에서의 근무하는 동안은 공직의 오리엔테이션이라면 이제부터는 본격적인 공직의 달인이 되기 위한 시작이며 출발이 되었다.

우리가 사용하는 물에 대한 소중함을 깨닫기 위한 일상 삶속에 하수를 처리하는 기관에서 하수와 씨름하게 되었다. 하루하루 쉼 없이 반입되는 하수와 분뇨와 전쟁이었다. 계속해서 빌려들어오는 하수와 분뇨의 처리를 위해 시설을 관리하고 보수하면서 2년여의 시간을 보냈다.

이 기관에서 근무하는 동안 가장 기억에 남는 것은 84년 서울에 대홍수가 있을 때 일이다. 그 당시 동작구청 앞에 노량진 저지대에 살고 있었다. 밤새 비가 계속내리고 있어 지대가 낮은 지역이라 집에 있는 가구류와 같은 큰 짐은 화곡동에 있는 친지 집으로 옮겨 놓았다.

퇴근해서 집에서 대기하고 있는 데 밤새 비는 계속되고 있어 거의 잠을 잘 수 없었다. 아침에 일어나 보니 빗물이 바로 방문턱까지 차 올라와 있었다.

　이미 서울시에서 장마로 인한 비상근무는 떨어져 있어 집은 아내에게 맡기고 군자동에 있는 사무실로 가기 위해 출근했다. 한양대역에서 하차하여 군자동에 있는 사무실로 가려고 하니 중랑천이 범람하고 있었다. 출근시간이 임박하자, 할 수 없이 택시를 타고 장안평 자동차매매센타 앞으로 돌아서 사무실로 갔다.

　사무실에 들어가니 이미 중랑천이 범람하여 사무실 책상 의자시트까지 분뇨와 하수가 뒤섞인 물이 차 있었다. 책상 위에 있는 간단한 서류들을 캐비닛 위에 올려놓고 현장으로 갔다. 잠시 현장을 둘러보고 사무실로 돌아오니 이미 사무실이 있는 건물은 하수와 분뇨가 뒤섞인 물에 잠기어 있었다. 폭우는 계속되고 있다. 변전실마저 물에 잠겨버려 전기도 들어오지 않았다. 온통 검붉은 흙탕물로 뒤범벅이 된 드넓은 바다가 되었다.

　완전히 멈춰버린 공공기관의 운영시스템을 어떻게 되살릴 수 있을까? 정지해 버린 공직시계를 돌리는 동력의 공직 힘이 여기서부터 출발했다. 저들은 불타는 사명감과 책임을 완수하기 위해 목숨을 거는 사투를 벌이고 있었다. 중랑천범람으로 장안평과 용답동일대가 계속해서 침수되고 있었다. 전농배수 펌프장이 전력공급이 되지 않아 가동할 수도 없었다.

　전력공급을 위해 억수같이 비가 내리는 데도 전신주를 올라가 고압선에 몸을 맡기는 직원이 있는가 하면, 분뇨와 하수가 뒤섞인 흙탕물에 몸을 실고 이곳에 저곳에 있는 설비를 점검하는 직원들이 있었다. 그들의 그 모습에서 공직만이 할 수 있는 아름다운 모습이 아니었나 생각해 보았다.

당시에는 짧은 공직생활로 아직은 많은 것을 깨닫지 못했지만 국가가 부여한 공직을 더욱더 잘해야 되겠다는 각오를 다지게 된 계기가 되었다. 동대문구에서 공직을 시작하여 5년의 세월을 일과 세상에 매여 즐거움게 보냈다. 많지 않은 시간이었지만 평생을 함께 할 짝을 찾아 결혼도 해서 가정을 갖게 되었다.

한편으로는 직무를 창의적으로 개선하기 위해 제출한 공적과 열심히 근무한 공로로 시장부터 수상의 기쁨도 누렸다. 때로 밀려드는 업무들로 인해 어려움을 겪기도 했지만 말이다. 지금도 가장 가슴 아프게 생각한 것은 동료의 안타까운 죽음앞에 고개를 숙이며 이런 것이 인간들의 삶이라는 것을 깨닫기도 했다.

빛이 어두움에 비취되 어두움이 깨닫지 못하더라. (요 1:4)

2년여 근무하다가 새로운 근무지로 발령을 받았다. 상수도사업본부 만리도배수지사무소로 발령이 났다. 그런데 너무 많이 실망하게 되었다. 왜!! 내가 이런 곳으로 발령을 받아야 하는가? 서울시의 조직에 이런 기관이 전혀 보지도 듣지도 못한 기관으로 발령이 나다니 이럴 수가 있나? 왜!

한없는 실망을 하면서 하루를 보냈다. 세상에 내가 태어나 무지 중에 한없는 하나님 사랑을 받아 왔을 텐데 그 은혜를 잊고 살았다. 인간은 은혜를 받으면 그 사랑을 오래오래 간직해야 하는 데 그동안 받은 사랑이 얼마인데 금방 잊어버리고 또 불평을 하는가?

사람은 한없이 나약하고 변덕스러운 존재인가 보다. 동대문구와 종합종말처리사업소에서 청소와 하수를 처리하느라고 별로 환경이 좋지 않는 곳에 근무를 했기에 보다 좋은 곳을 기대하고 있었는데 만리동배수지사무소로 발령을 받았으니 실망이 매우 컸다.

지난날 구청에서는 매일매일 쓰레기를 운반하는 대형과 중형 덤프 트럭과 청소차 54대를 관리하여 동대문구 44개동(당시)에 쓰레기를 난지도까지 운반처리 하였고, 하수처리장에서는 하수에서 발생하는 슬러지 부산물을 고온과 고압스팀으로 처리하는 공장을 관리했다.

하수 찌꺼기를 고온 스팀으로 찌면 냄새가 용답동까지 퍼져 주민들이 민원을 제기하여 이를 해결하기 위해 참으로 많은 애로가 있었다.

아직 이러한 민원에 대해 익숙해 있지 않아 민원인을 이해시키는 데 많은 고생을 했다. 그러나 동료직원들과 고난을 함께 하고 서로를 이해하며 생활을 하였기에 분위기는 좋았다 이렇게 두 기관을 근무했으면 이제는 출퇴근 여건과 근무환경도 좋은 곳으로 발령이 나지 않겠는가 기대하고 있을 때에 배수지사무소로 발령이 났으니 참으로 실망이 컸다.

그만 둘까? 공무원을 퇴직할까?

포철에서 서울시공무원으로 올 때 공무원이 별로 좋지 않으면 일 년만 근무하고 다른 큰 회사로 옮겨갈 계획도 있었는데 참으로 머리를 복잡하게 했다.

그러나 그 때는 가정이 없는 나 혼자였지만 이제는 가정이 있으니, 함부로 결정할 수도 없었다. 이런 저런 생각을 많이 하다 며칠이 훌쩍 지나 버려 복잡한 마음이 상당히 정리가 되었다.

만리동배수지사무소는 만리동에 위치한 조그만 사업소로 주 생활권은 서대문구 아현동을 중심으로 하는 것 같았다. 직원은 31명에 사무직 5명과 시설관리원 5명 외곽경비를 위한 청경경비원 21명으로 구성된 지극히 작은 사업소로 가족 같은 분위기였다. 배수지의 직원들은 중구와 서대문구일대의 상수도를 공급하는 업무를 하는 것으로 일일 3교대로 근무하고 있었다.

지난 두 기관에서 근무하는 동안에 예수에 대한 것을 어느 누구에게도 듣지 못해 이웃 먼 나라의 이야기인 줄로 알았다. 이곳에는 근무 직원이 몇 명이 되지 않는 데도 유일하게 한 직원이 교회 이야기를 많이 했다. 더불어 성경의 말을 많이 하고, 하나님께서 살아계신다는 이야기도 자주 들려주었다. 그는 언제나 나에게 예수의 사랑을 전하려고 한 최요섭 씨였다.

최요섭 씨는 아담한 체구에 얼굴은 강직한 모습이었다. 그는 항상 믿음을 지키기 위해 직원들이 함께 한 회식자리와 같은 모이는 장소는 참석하지 않아 직원들에게는 다소의 말을 들어가면서 생활하는 독실한 기독교신자 그런 모습이었다.

그런데 그는 나만 만나면 복음을 전하기 위해 애를 쓰는 모습을 많이 보였다. 그는 왜 나에게 그렇게 공을 많이 들이는 것일까? 전도를 하기 위해 애를 쓰는 그를 볼 때마다 미안하여 때로는 피하기도 했지만 난처할 때가 많았다.

그런데 그가 나를 교회 예배를 참석시키기 위해 많은 수고를 할 때마다 교회에 대하여 그리 달갑지 않은 것을 느끼도록 하는 일들이 있었다. 길거리에서 예수 전하는 이상한 모습을 본다든지, 교회를 다니는 주변사람으로부터 별로 유익하지 않는 일을 접하기도 해서 자꾸만 예수가 더 멀어지는 것 같았다.

당시에, 노상에서나 지하철에서 예수를 전하는 사람들의 모습들을 보면서 많은 회의를 느끼곤 했다. 예수를 믿으면 저 사람들 같이 된다면 누가 예수를 믿겠는 가 항상 의문을 가지고 있었다.

언젠가 그 직원의 끈질긴 설득으로 한번 북아현동에 있는 아현감리교회에 예배에 참석했었다. 예배시간을 맞추어 교회에 도착하여 성전으로 들어가 가장 끝자리에 앉아 예배를 드렸다. 누구나 예배를 처음 참석하면 지루하겠지만 나도 마찬가지로 너무 지루하고 따분한 시간을 보냈다. 그 이후로는 이런저런 핑계로 참석하지 않았다.

그때부터 주님은 죄 많은 이 죄인을 구원하기 위해 계획을 시작하신 것인데 이를 깨닫지 못하고 부질없는 세월만을 보냈다.

세월이 지나 깨달은 사항이지만 주님이 직접 만리동배수지 정문으로 들어 오셔서 그동안 고생했다. 이번에 너를 좋은 곳으로 보내주신다고 보여주신 것도 그 무렵이다. 그러나 나는 부지해 수님이 보여주신 것을 깨닫지 못하고 세상 재미에 취해 있었던 것이다.

그러나 그 날과 그 때는 아무도 모르나니 하늘에 있는 천사들도 아들도 모르고 아버지만 아시느니라. 주의하라 깨어 있으라 그 때가 언제인지 알지 못함이라. 가령 사람이 집을 떠나 타국으로 갈 때에 그 종들에게 권한을 주어 각각 사무를 맡기며 문지기에게 깨어 있으라 명함과 같으니, 그러므로 깨어 있으라 집 주인이 언제 올는지 혹 저물 때일는지 밤중일는지 닭 울 때일는지 밤중 일는지 닭 울 때일는지 새벽일는지 너희가 알지 못함이라. 그가 홀연히 와서 너희가 자는 것을 보지 않도록 하라. 깨어 있으라 내가 너희에게 하는 이 말은 모든 사람에게 하는 말이니라 하시니라. (막 13:33-37)

3

하나님은 좋은 분, 예수님은 나쁜 분

태초에 말씀이 계시니라. 이 말씀이 하나님과 함께 계시니 이 말씀은 곧 하나님이라. (요 1:1)

본래 하나님을 본 사람이 없으되 아버지 품속에 있는 독생하신 하나님이 나타내셨느니라. (요 1:18),

나와 아버지는 하나이니라. (요 10:30)

나를 본 자는 아버지를 보았느니라. (요 14:9)

나 어려서 멀고 험한 세상길에 들어 설 때

어머니 하신 말씀이라.

하늘 님이 너무 좋아. 참으로 감사해

이렇게 비를 주시다니! 얼마나 고마운지 몰라. 우리에게 복 주시는 분은 하늘 님이란다.

참으로 많이 들었던 말씀이다.

예수님을 전혀 몰랐던 나는 하나님은 참으로 좋으신 분이고, 예수님은 매우 나쁜 분으로 알고 있었다. 고향 산골에 다랑이 논 농사와 밭 농사를 지셨던 어머니는 하늘에서 내려주시는 비(雨)를 보고 하늘 님께 고마움과 감사를 하는 것을 많이 보아 왔다. 산골 농사는 하늘에서 내려 준 날씨에 따라 많은 영향을 받고 있어 천수답인 농사 시작도 날씨에 따라 하고 가을 수확도 하늘에서 내려 준대로 한다.

산골의 봄은 골짜기마다 지난 겨우내 내렸던 눈이 쌓여있다. 이른 봄 따스한 햇살이 비칠 때면 깊은 골짜기 마다 쌓였던 잔설이 서서히 녹아만 간다. 산천초목에 새싹이 돋아나고 푸름이 더하고 있다.

지난 겨우내 묻혔던 밭이랑에 해묵은 풀을 베고 잡초를 정리한다. 풀 속에 깊이 숨어 있는 해충방재를 위해 풀을 밭 가운데로 모아 불을 지핀다. 행여 밭 언덕 산불로 번지지는 않을까 노심초사 한다.

이 다랑이, 저 다랑이 밭도 참 많다. 이 골짝 저 골짝에 내려오는 전설을 담아 그 이름도 아름답게 지어 놓았다. 뒷 바랑골, 아름드리 참나무 그늘이 있어 쉴 수 있는 참나무거리, 전설에 의하면 노(老)인 산삼이 승려로 변장하여 재를 넘어 읍(邑) 5일장에 다녔다는 고 전해 오는 중삼막골, 큰 배미골, 개울창, 다리거리, 통정골 밭에 채소를 심어야 한다.

이 봄에 심고 또 심어 내 자식들 고향에 오면 바리바리 싸주고 싶은 부모의 마음일 것이다. 뒷 바랑골 밭에 무우를 심고, 참나무거리 밭 콩·들깨·참개 심고, 큰 배미골 밭 호박과 오이 심고, 개울창 밭 옥수수와 감자 심고, 다리거리 밭 옥수수·시금치·상추심고, 통정골 밭에 고추·호박·고구마를 심는다. 저 멀리 타향에 있는 보고 싶은 내 자식들 지금은 무엇을 하고 있을 까 상념에 잠겨있다..

이제 오려나, 저제나 올까 자식을 그리워하면서 고달픈 농사일도 마다하지 않으신다. 내 자식들 내려오면 바리바리 싸주어야지. 지금 봄에 심어야 우리도 먹고 자식도 먹는다.

어스름한 새벽녘 자욱한 안개가 산천 골짜기를 덮고 있을 때 아버지는 괭이랑, 삽이랑, 낫이랑 지개에 지고 밭으로 간다. 하루는 뒷 바랑골 참나무거리 밭으로 가고, 하루는 큰 배미골, 통정골 밭으로 간다. 이리구불 저리구불 다랑이 밭에 할 일이 왜 이리 많은지?

새봄이 왔음을 어떻게 아는 지, 심지도 않는 이랑이 밭에 잡풀이 무성하게 자라고 있다. 풀을 캐고 이랑을 파고 또 판다. 한 잎, 두 잎 새싹이 나고 있는 저산에 있는 나뭇가지에 새가 배가 고파 울고 있다. 아침에 산에서 들러 오는 새소리와 시원하게 바람소리 맞이하며 지친 피로를 씻는다.

이른 새벽에 밭에 나와 한 이랑, 두 이랑을 괭이로 파고 삽으로 고르는 아버지는 허기가 져 온다. 겨우내 꽁꽁 얼었던 땅이 녹고 봄 햇살이 내리 쬐이면 어머니 발걸음은 한시도 놓지 못한다. 동녘 하늘에 먼동이 트이고 툇마루 문 삐그덕 열리면 어머니 하루가 시작된다. 천근만근 지친 몸 이끌고 동에 번쩍 서에 번쩍 왜 이리도 바쁘고 바쁘신지?

새벽에 우는 닭은 새벽을 알리고, 새벽에 우는 소는 배가 고파 운다. 소죽을 쑤기 위해 소죽솥에 장작불을 넣고, 짚과 여물을 넣어 끓인다. 지난 가을 작은 쌀 두지에 넣어 놓은 쌀 조금과 가마에 쌓아놓은 보리쌀을 퍼서 씻는다.

산골 개울에 흐르는 산천수로 쌀과 보리를 씻는 어머니의 손이 아직 시리실 만도 하지만 말이 없으시다. 소죽솥에 장작불을 보고 부글부글 끓인 소죽을 퍼서 황소에게 가져다준다. 새벽을 단잠을 깨우는 닭장 문을 열고 모이를 준다. 새벽안개 맞으며 밭에 가신 아버지 아침식사를 준비를 하여 발걸음을 재촉한다.

논둑과 밭 언덕길을 따라 걸을 때마다 풀잎에 촉촉이 젖어 있는 이슬이 발을 적신다. 검은 고무신에 물기가 가득하다. 새벽아침 식사 자리를 밭 가장자리 소나무 그늘에 마련한다. 잡풀도 치우고 평평한 돌을 가져와 둘러 앉아 아침식사를 한다. 봄날 아침 소나무 사리로 불어오는 솔솔바람과 맑은 새소리는 피로에 지친 몸을 씻는다.

수고 많이 했어요.

벌써 많은 일을 하셨네요.

어머니의 따스한 말씀에 아버지께서는 힘을 얻으신다. 아직 할 일
이 많이 남아 있지만 새로운 힘이 샘솟는 것 같다고 하신다. 어머니,
아버지의 일상은 이렇게 하루아침이 되고, 저녁이 된다.

한이랑 두이랑 채소를 심어 갈 때 마다 흙 내음이 솔솔 묻어난다.
무우 · 콩 · 들깨 · 참깨 · 호박 · 오이 · 옥수수 · 감자 · 시금치 · 상추 ·
고추 · 호박 · 고구마 밭 이랑은 모두 만드는 방법이 다르다. 모두 날
씨(雨) 영향을 많이 받은 고구마 · 감자는 밭이랑을 높이 쌓아서 만
들어 가뭄에 대비하고 다른 작물들은 날씨를 보아가면서 심는 다.
봄 밭에 작물을 심고 나면 이어서 논에 모내기 준비를 해야 한다.
작년에 도장에 두었던 벼 씨를 골라 물어 담근다. 다랑이 논에 물을
대고 못자리를 만든다. 산골 천수답은 한 줄기 물줄기를 모아 못 자
리에 물을 가두고 쟁기로 써레질 하여 두둑을 만든다. 한 둑, 한 둑
정성을 다해 만들고 그곳에 볍씨를 뿌리고 한해의 풍년을 기약해 본다.
파랗게 새싹이 자란 못 판위에 농약도 하고 피도 뽑고 아버지 하루
는 바쁘다. 하루가고 이틀이 가면 파랗게 자란 모를 논에 심어야 한
다. 많은 다랑이, 다랑이 논에 높은 언덕이다.
윗 논에서 아래 논으로 물줄기가 떨어지고 이곳저곳으로 새어 나
가는 아까운 물들이 많았다. 천수답 논에는 하늘님이 비를 충분히
주시지 않으면 모내기를 할 수 없다. 산천마을에 사는 모든 사람들
은 매년 하늘 님을 향한 부르짖음이 있다.

「하늘님 비를 주시옵소서, 하늘님 비를 많이 주시옵소서」

하나님이 그들에게 복을 주시며 하나님이 그들에게 이르시되 생육하고 번성하여 땅에 충만하라, 땅을 정복하라, 바다의 물고기와 하늘의 새와 땅에 움직이는 모든 생물을 다스리라 하시니라. (창 1:28)

언제·어디서 어떠한 경우에도 우리 부모님이 하늘 님을 향해 부르짖을 때에는 응답하신 하나님이 계셨다. 지금까지 산천에 비가 오지 않아 모내기를 못하고 밭에 작물을 심지 못했던 해는 없었다.

세상일에 힘들고 지칠 때마다 돈이 없어 어려움을 겪을 때마다 부모님 부르짖음은 오직 하늘 님이었다. 그때도 꾸짖지 않으시고 후하게 주시는 하나님의 사랑이 있었기 때문이다.

언제나 부모님에게는 『하나님은 좋은 분』으로 깊게 깊이 인식되고 있었다.

지난날 나 죄 짐을 지고 살았을 때
예수님이 문 밖에 찾아 오셨으나 모시어 들이지 못했고,
온유한 음성으로 내 귀에 속삭이실 때
마음의 문을 열어드리지 못하였네.
십자가 보혈로 나를 구원하시기 위해
인자한 모습으로 부르실 때

그 사랑을 외면하며 살았네.

예수 사랑을 깨닫지 못해 믿는 자들의 겉모습 만 보아왔다. 우리네의 인생길에 수많은 사람들을 만나는데 이 중에 4분에 1이 기독교인으로 교회를 다닌다고 한다. 어느 교회는 성도가 60만 70만 명이나 된 다고 하니 이 많은 사람들이 모두 주님 말씀에 온전히 설리 없다.

따라서 교회 다니는 자와 예수 믿는 자를 보기 보다는 주님을 바라보아야 했는데 사람을 바라보는 우를 범한 것을 고백하고 회개한다. 기독교인이 가장 전도하는 데에 가장 걸림돌이 된 것은 믿는 자들의 행실이다. 믿는 자들은 주님께 빚 진자로서 본이 되지 못하고 오직 복음의 한 면만을 가지고 전하는 우를 범하고 있다.

"사랑과 희락과 오래 참음과 자비와 양선과 충성과 온유와 절제와 위로와 용기와 담대함과 풍성함과 치료함과 근면성실"함의 주님을 증거하지 못하고, 온갖 채찍을 들고 벌을 주시는 주님을 전했다. 우리가 살고 있는 세상에 많은 종교가 있고 그들 나름대로 믿음이 있겠지만 기독교인들이 특히 편협된 사고가 가지고 있다고들 한다. 사랑에 하나님을 입술로 전하면서 남을 배려하지 못하고, 위로하지 못했다.

작년 가을 추석이 지난 어느 날이었다. 지하철 9호선 고속터미널 역에 지하철을 환승하기 위해 승강장에서 열차를 기다리고 있었다. 잠시 후 단정한 외모에 정장 옷을 입고, 가방을 든 중년여성 다섯 명 이 정겹게 대화를 하고 있었다. 이윽고 열차가 승강장으로 들어와 함께 열차를 탔다. 문이 닫치고 열차가 출발했다. 몇 개 정차역을 지 났을 때 갑자기 열차 내가 소란스러워졌다.

고속터미널역에서 함께 승차했던 여성들 앞에 몇 개 빈 좌석이 생 긴 것이다. 그 중년 여성들은 강서구 발산동에 있는 어느 교회 집사 와 권사들이다. 빈자리를 앉기 위해 멀리 있는 집사님 권사님을 부 르는 소리다. 좌석 앞에 서있는 다른 사람들을 배려하지 못하고 어 서와 자리에 앉아라고 큰소리로 부른다.

이웃을 네 몸 같이 사랑하라고 입술로 말하면서 우리와 내 것만을 추구하고, 희락과 화평을 입술로 말하면서 얼굴에 기쁨과 평안이 없 고, 오래 참음을 입술로 말하면서 쉽게 좌절하고 쉽게 노여움을 드 러낸다.

지난 5년 전 즈음이었던가? 내가 근무하고 있던 곳에 각종 행사를 할 수 있는 회의공간이 많이 있다. 어느 날 복도에서 큰소리가 나고 있었다. 복도에 나가보니 TV를 통해 많이 보아 왔던 어느 목사님이 큰 소리로 소리를 지르고 있었다.

큰 소리 낸 이유를 들어보니 목사님이 속한 단체에서 공간을 빌려 회의를 하고 있는 데 지원이 제대로 되지 않았다는 것이다. 순간 목사님의 손을 붙잡고 엘리베이터를 탔다.

"목사님. 목사님처럼 널리 알려진 분이 공공기관에서 큰 소리를 질러 대면 우리처럼 작은 집사들은 이곳에서 어떻게 예수 믿는 다고 말을 하면서 직장생활을 할 수 있겠습니까? 이제 그만 돌아가십시오."

단 둘이 있는 엘리베이터 내에서 조용히 말했다. 그분은 두 말도 없이 1층 정문 앞에 세워놓은 낡은 세피아 승용차를 타고 돌아가 버렸다.

자비와 양선을 입술로 말하면서 남을 사랑하고 가엾게 여기고 배려해야 하는 데 본인의 유익만을 추구한다. 충성과 온유를 입술로 말하면서 마음속에서 우러나오는 정성을 다하지 못하며 온화하고 부드럽지 못하다.

절제를 입술로 말하면서 넘지 말아야 선(線)을 조절하여 제한해야 되는데 넘나들며 아무렇지도 않는 것처럼 쉽게 생각한다. 위로와 용기를 말하면서 따뜻한 말이나 행동으로 괴로움을 덜어 주고 슬픔을 달래주며 기운을 북돋아 주어야 되는 데 실망과 좌절에 말을 안겨 주고 있다. 강함과 담대함을 입술로 말하면서 하나님을 바라보고 적극적이고 열정으로 담대하게 살아가야 하는 데 나약한 모습만을 보여주고 있다.

입술로는 풍성한 하나님을 말하면서 구멍가게에서 콩나물 1000원어치 사면서 덤 달라고 한다. 작은 물건사면서 사사건건 흠을 잡아 할인해 달라 하고, 모인 곳곳마다 인색한 모습을 보인다.

입술로는 치료하시는 하나님을 말하면서 병을 다스릴 수 있는 하나님께 기도하지 아니한다. 입술로는 근면과 성실함을 입술로 말하면서 매사에 부지런하고 정성스럽게 행동하지 못한다.

이 모든 것이 극히 일부 믿는 자 들과 교회 다니는 자들의 부정적인 모습일 수 있다. 그러나 우리 믿는 자 모두는 분명 변해야 한다.

지난 날에, 예수님을 영접하기 전(前) 그들의 그 모습을 잘 못 보는 어리석음을 나도 저지르고 말았다. 그들의 그 모습이 하나님이신 예수님의 본(本) 모습은 분명 아니 신데 『예수님은 나쁜 분』으로 잘 못 보는 우(憂)를 크게 범했노리.

당시 만리동배수지사무소 정문(현재 철거됨) 찾아오신 주님의 격려

4

새벽 미명에 찾아오신 주님

너는 여호와 네 하나님의 성민이라 네 하나님 여호와께서 지상 만민 중에서 너를 자기 기업의 백성으로 택하셨나니. (신 7:6)

1986부터 시작된 민주화 요구는 1987년을 거치면서 한국정치사에 많은 변화를 일으킨 격변의 시대를 만들었다. 특히 '87년 6월 항쟁은 대학생, 일반시민, 노동자가 그들 나름대로 현실에 대한 진실을 담아 정치변혁을 부르짖고 있었다. 여기에 넥타이부대의 암묵적인 지지와 참여도 있어 이를 계기로 대통령 직선제를 성취하는 성과를 거두었다.

그러나 대통령 직선제가 관철된 이후에도 투쟁이 멈추지 않고 계속되었으며 급기야 7월에서 9월에 걸쳐 노동자 투쟁까지 계속해서 일어났다. 이와 함께 재야단체와 서울의 주요대학을 중심으로 한 민주화욕구가 봇물처럼 터져 나온 매우 혼란한 시기였다.

사회적으로 매우 민감하고 혼란한 시기에는 공무원은 엄정중립을 견지하도록 매일매일 지시가 계속되고 있었다. 비상시에는 평상시보다 일찍 출근하여 정 위치에 근무하여야 한다. 또한 퇴근 후에도 연락이 가능한 장소에서 있어야 하는 등 비상근무체계를 유지하고 있었다.

해마다 되풀이 되는 일이지만 병인년(1987년) 새해가 밝았을 때 올해도 지키지도 못할 새로운 계획들을 거창하게 세우고 출발했었다. 사실 현재 근무지로 발령을 받고 공무원에 대한 회의와 실망을 말할 수 없이 많이 했던 터라 이를 타개하기 위해 노력을 하고 있었다.

여러 경로로 새로운 일자리를 찾아보기도 하고, 때로는 무작정 퇴직에 대한 고민도 해보았으나 모두가 허사가 되었다. 이곳에 근무하는 2년여 동안은 업무 부담이 적어 공채를 통해 중앙부처로 옮길까 노력도 해 보았으나 실력이 부족하여 뜻을 이루지 못했다.

사실, 근무여건은 매우 좋았다. 사무실도 보통의 기와집으로 되어 있어 흡사 가정집 같이 아늑한 분위기이고 함께 하는 직원도 30여

명뿐이니 말이다. 업무도 적고 상사도 두 명뿐이어서 별로 싫은 말도 하지 않고, 똑 같은 봉급을 받는 공직자가 무슨 불만이 있으리까마는 자긍심이 없어 그랬는지 알 수는 없지만 마음엔 항상 부족함이 있었다.

이곳에 발령을 받아 근무한 지 어언 2년이란 세월이 흘러갔다. 시내에는 민주화 시위로 최루탄 냄새가 나고 온통 사회가 혼란하고 어지러운 이때다. 그날따라 많은 업무로 인해 몸은 지쳐 있었다. 몸과 마음이 피곤에 지쳐 있는 몸으로 일찍 깊은 잠자리에 들었다. 얼마나 깊은 잠을 잤는지는 알 수 없다. 이때, 1987년 1월 13일 새벽에 주님이 보여주셨다. 그날이 도적같이 이를 줄 너희는 모르느냐. 늘 깨어 있어라 잠들지 말아라.

『아버지께서 만리동 사무소 정문을 들어오셨다. 아버지 맞이하려 계단을 내려가니 정문 안에 서 계셨다. 인사드리니 내 어깨를 몇 차례 두드린다. 그 동안 수고 많이 했다. 이번에 내가 "너를 좋은 곳으로 보내 줄테니 그리 알아라."』

이번에는 좋은 곳으로 보내 주신다고 말씀하시고 정문 밖으로 나가셨다. 꿈인지 생시인지 알 수는 없지만 날아 갈 듯한 기분으로 일어나 보니 꿈이 였다. 무엇인가를 잡았던 것을 놓치는 것 같아 너무

허전했다. 너무도 선명하고 뚜렷한 모습으로 보였으며 청명하고 확신에 찬 목소리로 잠은 깨었지만 여전히 깊은 여운은 남았다.

하루 내내 머리에는 어떻게 좋은 곳으로 누가 보내 준단 말 인가 자꾸만 의문이 생겼다. 도대체 좋은 곳이 어디인가? 도무지 알 수는 꿈을 누가 이렇게 보여 주신 것일까? 그런데도 마음은 무엇인가 이루어 질 것 같은 기분이 들었다.

살아오면서 많은 꿈을 꾸었지만 잠자리에 일어나면 그만이고, 선명하지도 않는데 오늘의 꿈은 너무도 선명했기에 며칠이 되어도 잊어지지 않았다. 생전 아버지는 칠십 평생을 바지와 저고리를 입고 사신 분 이셨는데 도무지 이해를 할 수 없었다. 꿈속에 오신 분은 아버지 얼굴이셨지만 외모는 돌아가신 아버지의 모습과 너무 달랐다. 근엄함과 당당함이 너무도 달랐고 입고 있는 의복이 너무 달랐다.

아주 짧은 말씀이었는데도 고위 관료가 오셔서 엄격하게 격려하면서 당당하고 확신에 찬 표정과 이미 모든 것을 이루어 놓은 분의 모습으로 자신감이 가득 차 있는 그 모습이었다. 지금까지의 수많은 꿈을 꾸었지만 생생하게 며칠이 되도록 잊어지지 않고 기억이 되는 꿈도 없었으며 이렇게 기대가 되는 꿈도 없었다.

그러나 며칠 지나도록 감감 무소식이고 서울시로부터 아무런 정보도 없도 얻을 수 없었다. 사업소 직원이 극히 적어 서울시 어떤 정보도 얻을 만한 직원도 없었다. 하루 이틀 사흘 나흘 일주일 이주일이

가도 소식은 없었다. 지난 꿈속에 선명하게 보였던 그날 새벽미명의 아버지 그 모습이 발령에 대한 설레는 기대감과 희망의 끈 들이 서서히 허물어져 가고 있었다. 그 때에 소식이 왔다.

『내가 말하기를 인자하심을 영원히 세우시며 주의 성실하심을 하늘에서 견고히 하시리라 하였나이다. 주께서 이르시되 나는 내가 택한 자와 언약을 맺으며 내 종 다윗에게 맹세하기를(시89:2-3)

내가 전혀 생각해 본 곳도 잘 알지 못하는 크고 비밀한 곳으로 발령을 내주신 것이다. 서울특별시장 명에 의한 발령이다. 서울시 자동차등록사업소 근무를 명함이라고 명단이 나와 있다. 아버지께서 오셔서 말씀하신 지, 35일째 되는 1987년 2월 19일자이다.

그 당시에, 등록사업소는 서울시 공무원이라 해도 아무나 갈 수 있는 기관이 아니었다. 엉뚱한 얘기인지 모르지만 많은 공무원들이 선호하여 근무하고 싶어 하지만 발령을 받기 위해서는 누군가의 권력의 힘이 있든지 아니면 돈이 있어야 갈 수 있는 곳이라는 것을 근무하면서 주변으로부터 듣게 되었다.

지금 생각해보면, 주님께서는 왜 그곳으로 나를 보내셨을까, 참으로 궁금하기도 하지만, 세월이 지난 지금 돌이켜 보면 그곳에 근무하는 동안 주님 은혜와 보호하심이 없었다면, 나의 인생은 어떻게 되었을지 아무도 예측할 수 없는 나날들이었다.

아무쪼록 만세전에 택하여 이 땅에 보내주시고 주님의 사랑을 깨닫지 못하고 세상 줄에 매여 나날이 살아가는 데도 주님은 늘 함께하셔서 지키시고 계셨다는 것을 세월이 많이 지나 크신 깨달음의 은혜를 받고서야 알았다.

하나님의 사랑으로 그곳으로 발령을 받았고 주님이 보호하여 주시지 않으면 감당할 수 없는 곳의 근무처였는데 큰 무리 없이 3년여 근무기간 동안 잘 마무리할 수 있었다는 것은 전적인 하나님의 은혜였다.

『내가 사망의 음침한 골짜기로 다닐찌라도 해를 두려워하지 않을 것은 주께서 나와 함께 하심이라 주의 지팡이와 막대기가 나를 안위하시나이다(시23:4)』

지금 와서 그때 그 생활을 돌이켜 보니 말도 표현할 수 없이 감사하다. 한편으로 생각하면 주님께 너무 죄송스럽고 부끄러울 뿐이다. 그 크신 주님 은혜를 무엇으로 갚으리까?

그 곳에 근무하는 동안 즐겁게 일하고 세상 재미에 취해 신명나고 즐겁게 놀아나며, 지내온 세월들을 뒤로 한 채, 1989년 3월 9일 시립운동장으로 발령이 났다. 이곳이 바로 주님께서 예비하고 계신 곳이다. 서울특별시 중구 을지로에 있던 스포츠메카인 경기장 종합단지였다.

■ 축구장 골방에 들어가 은밀한 중에 계신 아버지께….

5

...

어지러운 세상에서 기쁜소리를

그 사람이 가로되 날이 새려 하니 나로 가게하라 야곱이 가로되 당신이 내게 축복하지 아니하면 가게 하지 아니하겠나이다. 그 사람이 그에게 이르되 네 이름이 무엇이냐 그가 가로되 야곱이니이다. 그 사람이 가로되 네 이름을 다시는 야곱이라 부를 것이 아니요 이스라엘이라 부를 것이니 이는 네가 하나님과 사람으로 더불어 겨루어 이기었음이니다. 야곱이 청하여 가로되 당신의 이름을 고하소서. 그 사람이 가로되 어찌 내 이름을 묻느냐 하고 거기서 야곱을 축복한지라. (창 32:26-29)

너는 기도할 때에 네 골방에 들어가 문을 닫고 은밀한 중에 계신 네 아버지께 기도하라 은밀한 중에 보시는 네 아버지께서 갚으시리라. (마 1:6)

골방에 들어가 문을 닫고 은밀한 중에 계신 아버지 하나님께 기도 드릴 수 있는 곳, 예수께서 나가사 습관을 좇아 기도드릴 수 있는 곳, 야곱이 얍복강가에서 "하나님과 씨름한 기도의 장소" 하나님의 축복을 받을 수 있는 이곳을 예비하신 곳으로 발령 내어주셨다.

주님이 예비하신 이곳의 옛 이름은 서울운동장이었다. 잠실종합운동장이 개장하면서 동대문운동장으로 개칭하였다. 원래는 동대문운동장이 축구장(19,603㎡)과 야구장을 비롯한 모든 체육 시설을 통칭하는 용어이다. 축구장을 동대문운동장 그리고 야구장은 동대문야구장으로 구분해서 부르기도 했다. 동대문축구장은 경평축구대항전을 비롯하여 한국프로축구 수퍼리그 역사적인 원년 출범 경기도 이곳에서 했다. 잠실올림픽 주경기장이 개장하기 전까지 만 해도 한국축구 국가대표팀의 홈구장으로 많은 A매치가 열렸던 곳이기도 하다.

한편 야구장은 1905년에 야구장이 있었던 터의 좌측 후방의 장소에서 황성기독교 청년회와 한성고등학교의 한반도 첫 야구의 시합이 벌어졌던 곳이다. 광복 이후 경성운동장의 이름을 서울운동장 야구장으로 개칭하여 1959년에 재개장된 곳이기도하다.

서울운동장 야구장은 프로야구가 출범하기 이전 1980년대 초까지만해도 학생야구대회의 메카로 통했다. 이곳에서 고교야구대회가 열리는 날이면 관중석이 만원사례를 이룰 정도로 높은 인기를 높았다. 당시 TV 뉴스를 중단하고 야구 중계를 속개할 정도로 고교야구

의 인기가 대단했다 한다. 1982년 3월 27일에는 갓 출범한 한국 프
로야구의 첫 시즌 개막전이 이 구장에서 열렸다.

한 때는 아마추어 야구 전용구장으로써 한국의 4대 메이저 고교야
구 전국대회(청룡기, 봉황대기, 황금사자기, 대통령배)나 대학야구
대회의 개최구장이 되었다. 축구장 건축 연면적 19,603㎡(5,940평)
에 외곽으로 스포츠용품가게가 30여 개 이상이 있었다. 한편 관중석
하단에는 하나님께 밤이 새도록 부르짖을 수 있는 크고 작은 기도
할 수 있는 공간이 많이 예비 되어 있었다.

**그리스도 예수의 사람들은 육체와 함께 그 정과 욕심을 십자가에 못 박았느리
라.(갈 5:22)**

하나님의 은혜와 사랑으로 참 좋은 곳에 근무를 무사히 마칠 수 있
도록 인도하신 주님께 감사는커녕 세상 재미에 취해 있었다. 이제부
터 본격적으로 나를 훈련하기 위한 주님계획이 시작되고 있었다. 그
때나 지금이나 운동장 앞에는 수많은 사람들이 이동하고 많은 사람
들 사이로 거의 매일 "예수천국 불신지옥"이라는 푯말을 들고 외치
는 사람들이 있다.

'도대체 저 사람은 제 정신이 아니야. 왜 저렇게 이 복잡한 이곳에
서 꼭 저렇게 해야 되나?

이런 의문을 가지고 때로는 정신이 이상한 사람들이 아닐까 생각
을 해 보기도 했다. 때로는 정문 경비를 시켜서 다른 곳으로 가서 외

치라고 시키기도 했던 것 같다.

축구장의 사무실에는 기관의 장인 운동장 장을 비롯한 서무계와 시설계가 있었는데 직원 중에 누구도 예수를 드러내 놓고 믿는 사람은 없었다. 시설계 계장인 당당한 몸집의 정영철 계장, 예리하고 깔끔한 성격 장우섭주임과 마음이 고운 김성수 주임, 조용기, 임병묵 씨와 함께 근무했다. 특히 나에 말을 잘 따라 주었던 수도실의 연준택 씨는 큰 키와 잘 생긴 외모로 남성다운 면도 있어 많은 사람들이 호감이 가는 마음씨 고운 좋은 후배이자 동료였다.

우리가 하는 일들은 동대문축구와 야구장운영, 장충체육관, 효창운동운영관리를 하는 업무였다. 발령을 받을 때 마다 새로운 일을 하게 되니 새로운 흥미와 기대를 가질 수 있어 참으로 좋았다. 이제는 스포츠의 모든 것을 만끽 할 수 있는 곳에 있으니 마음껏 즐기자. 스포츠의 모든 것 축구, 야구, 육상, 테니스, 농구, 수영, 탁구, 씨름 어느 하나 부족한 것이 없다. 그야말로 종합스포츠의 메카에 온 것이다.

그동안 접해 보지 못한 스포츠 나도 한번 마음껏 즐겨보기로 했다. 다행히 동대문에 있는 축구장과 야구장, 장충체육관 효장운동장을 관리하기 때문에 업무는 별로 많지 않았다. 사실 경기장은 일이 많은 곳이 아니기 때문에 보수를 받을 때는 미안한 생각이 들 때도 있었다.

일주일에 월, 화, 수, 3일 정도 열심히 일하면 목, 금, 토의 3일 오후는 내 시간으로 잘 활용할 수 있을 정도였다. 축구장관중석 아래에 있는 많은 공간에 탁구장을 설치하고 오후시간이 있을 때마다 탁구를 치다 보니 탁구 실력이 일취월장했다. 사무실에 함께 근무하는 직원 중에 중학교 다닐 때 선수를 했던 직원에 의하면 일찍이 탁구를 하지 그랬느냐는 말을 들을 정도의 실력이 향상 되었다.

하루하루 업무를 익히고 여러 가지 스포츠 즐기기에 여념이 없는 날이 3개월이 지났다. 그날도 유월의 뙤약볕이 내려쬐이던 날이었다. 장충체육관의 시설을 점검하기 위해서 동대문운동장 지하철역을 가로질러 광희동 사거리와 장충동 족발집 앞을 지나 장충체육관 입구에 다다랐다.

날이 무더워 목마르다는 생각과 함께 잠시 고개를 들어 신라호텔을 보는 순간 정신이 멍하여 졌다. 정신이 몽롱하여 옆에 있던 동료에게 기대었다. 동료직원이 물었다.

"왜 그러느냐?"

"나도 모르겠다. 갑자기 누군가 나의 머리를 친 것처럼 머리가 몽롱하고 어지러워서 그래. 누군가 나의 머리를 무엇인가로 친 것 같다. 머리가 너무 아파!"

갑작스런 머리 통증에 당황했다. 무엇 때문에 그럴까? 갑작스런 뙤약볕을 쬐이고 걸어갔기 때문에 그런 것일까?

흡사 도끼로 머리를 내려치는 아픔이었다. 장충체육관에 시설점검

장충체육관 전경

을 하기위해 갔는데 도저히 일을 할 수가 없어 머리를 감싸고 동대
문 사무실로 내려왔다.

갑직스런 통증의 호소에 직원들이 병원을 가보라고 했지만 병원가
기를 좋아 하지 않는 성격 때문에 가지 않고 사무실에서 퇴근시간까
지 기다리고 있었다.

그 이후로, 매일 지속되는 두통과 고열이며 밤마다 계속되는 악몽
으로 어떻게 주체할 수 없을 정도로 이어지고 있었다. 평상시와 다
른 고열과 두통이 6월과 7월초까지 내내 지속되었다.

악몽은 엄청나게 큰 비단구렁비가 자주 꿈속에 보이고 때로는 이
미 죽은 사람들의 모습이 보여 하루하루가 정신없이 지나가고 있었

다. 해야 할 사무실 일들이 눈에 들어오지 않고 매일 나의 삶이 죽음으로 가는 것만 같은 나날이었다.

유월이 가고 칠월 초순이 되어도 좀처럼 없어지지 않았다. 6월이 지나고 7월 초가 되어 보니 설상가상으로 오른쪽 어깨 겨드랑이에 조그만 몽우리가 생겼다. 매일 두렵고 떨리는 나날이 지속되고 있었다. 오른쪽 겨드랑이에 생긴 몽우리에서 조그만 구멍이 나더니 여드름처럼 노란고름이 나온다. 너무 너무 걱정이 되어 병원을 가서 진찰을 해볼 수도 없었다.

혹시, 병원에 가면 '당신은 암입니다' 라고 하면 곧 사망선고를 받는 다고 생각했기 때문에 두려워 병원을 갈 수도 없었다. 하루하루 삶이 지옥이요 죽음과 절망의 그늘이 에워싸고 있다.

곧, 죽음! 죽음!

한없는 좌절과 슬픔이 내 마음을 엄습하고 있었다. 이 꽃다운 젊은 나이 삼심오세에 죽어야 하나? 너무도 억울하고 안타까웠다.

아들을 자랑으로 여기고 사신 어머니와 아버지는 어떻게 되는 건가?

나를 바라보고 있는 가족들에게 무어라고 위로를 해야 하고 어떻게 설명을 할 수 있을까?

가장 두려운 한 마디,

'당신은 암입니다.'

이 한 마디가 두려워 계속해서 병원은 못가고 무슨 병이든지 치료를 할 수 있다는 신성당을 찾아가기로 마음을 먹었다.

한약방에서 정확한 진단과 치료를 할 수 있을까?

은평구 녹번동을 지나 구파발역에서 내려 버스를 타고 일산방면 어느 마을에 있는 신성당 한약방을 찾아갔다. 서울에서 일산 방면으로 가는 길 옆 시골 마을에 있는 한약방이었다. 참으로 떨리는 마음으로 문을 열고 들어갔다. 먼저 온 환자 몇 명이 기다리고 있었다. 잠시 기다린 후에, 원장의 진맥을 받을 수 있었다. 원장의 말씀은 여기서는 정확하게 진맥을 할 수 없으니 큰 병원으로 가보라는 것이다. 한마디였다.

그 말을 듣고 집으로 돌아온 나의 발걸음은 처참하기 그지없었다.

짐을 가볍게 지고 싶어 갔는데 더 큰 짐을 지고 집으로 돌아왔다. 이젠 병원을 더 갈 수가 없었다. 한참을 망설이다 며칠을 또 보냈다. 한약방을 방문했으니 이제는 양약문을 두드려 보자 결심했다. 중학교 동창의 형이 운영하는 성수동에 조그만 내과의원인 성모의원을 물어서 갔다.

성모의원에서도 겉으로 보아서는 정확한 것을 진단할 수 없어 빨리 큰 병원으로 가보는 것이 좋을 것 같다고 했다. 거기 가서 조직 검사를 해보아야 한다고 안내해 주었다.

이제는 한의원에서도 치료할 수 없고 병원에서도 치료할 수 없으니 이제 죽을 수밖에 없단 말인가?

한없이 좌절과 서글픔이 짓눌러 왔다.

지난 나의 삶에 대해 회한이 나를 엄습하고 있다.

내가 이 땅에 태어나지 않았더라면, 내가 태어나 산 좋고 물 좋은 고향에서 부모님 모시고 그림 같은 집을 짓고 행복하게 살았었더라면, 공무원시험에 응시했을 때 불합격하여 포항제철에 그대로 근무를 했더라면 이런 일은 없었을 것이 아닌가?

내가 어찌하여 서울에 와서 이러한 고통을 받아야만 하는가? 하루가 가고 이틀이 간다.

어떻게 해야만 살 수 있을까?

이 세상에 모든 근심된 일 많아 나 홀로 무거운 짐을 지고 가는 인생이 되었다. 이젠 헛된 영화를 모두 내어 버리고 갈 곳은 내가 가야 할 곳이 어디라는 것인가?

여호와께서 또 모든 질병을 네게서 멀리 하사 너희가 아는 바 그 애굽의 악질이 네게 임하지 않게 하시고 너를 미워하는 모든 자에게 임하게 하실 것이라.(신 7:150

인간의 의술로 치료가 불가능한 병이라니! 오호 통재라! 이 어찌 통탄할 일이 아닌가? 한약으로도 양약으로도 치료가 안 되니 이젠 큰 병원으로 가서 조직검사를 하고 치료를 할 것이 아니라 전능하신 분에게로 가자 결단했다. 그때, 성경 말씀은 몰랐으나 하나님께로 가기로 했다. 그래. 나는 한번 죽지 두번 죽지 않는다.

무엇이든 하실 수 있는 분을 찾아가자.
나를 이 땅에 있게 하신 어머니가 좋아 하신 분에게로 가자.
그분을 모든 것을 하실 수 있다는데 그분에게로 가 보자.

이제까지 중요시 했던 체면 그런 것은 나의 사전에는 없다. 오직 병을 치료를 받아야 되니 무조건 가야 된다. 주변에 많은 예수 믿는 사람들이 있었지만 선뜻 함께 교회를 가고 싶은 사람은 없었다. 어디로 갈까 망설이다 며칠이 흘렀다. 마음이 흔들릴 즈음마다 육체의 연약함은 더하고 악한 꿈들이 계속되고 있다.

우선 우리 집의 인근에 있는 한 교회로 향했다. 그 교회에 갔던 첫날은 성전 뒷자리에 잠시 앉아 예배드리고 돌아왔다. 며칠이 지난 후에 이웃에 살고 계시는 연세가 지긋한 여 권사님을 만날 수 있었다.

여 권사님은 교회를 나가고 있다고 했더니 너무 좋아 하시면서 매일 동행하기를 원했다. 아주 젊은 내가 교회를 가겠다고 하니 얼마나 좋아 했는지 모른다. 내 스스로 살기 위해 하나님 품으로 첫발을 들여 놓았다. 이제 첫발을 들여 놓았으니 시간만 나면 어느 교회 예배이든지 아니면 부흥집회이든지 무조건 나 살기위해 찾아 헤맸다.

참석에 대한 열정으로 집회이면 집회, 예배이면 예배를 가릴 것 없이 유명하고 좋은 말씀만 해주시는 목사님이 오시면 가서 만나고 말씀도 들었다.

1989년 7월 중순부터 토요일과 일요일은 무조건 참석하고 평일도 퇴근 후에 많은 교회를 돌아다니며 살아야 한다는 일념으로 쉴 사이 없이 주님을 찾았다. 또한 새벽 4시가 되면 여 권사님을 따라 교회의 새벽예배 제일 앞자리에 앉아 예배드렸다.

7월이 가고 8월이 되니 나는 더욱더 하나님과 교회에 미친자가 되어가고 있었다. 나는 오직 치료받고 살아야 돼. 질병으로부터 해방되어야 되어 누구에게도 두렵지 않는 사람이 되어야 된다. 그래서 하나님으로부터 치료받아야 돼. 한 두 달 사이에 너무 많이 변해서 예수의 사람으로 되어 가고 있었다.

사무실 직원들 사이에는 너무 많이 변해 버린 나를 두고 이런저런 말들이 많았다. 사람이 갑자기 변하면 죽는다는 속설이 있다는 데 저 친구 죽는 것 아니야! 언제 어디든 어울리기 좋아 하는 성격이 변해 모이는 장소를 싫어하고 세상재미를 취해 놀기를 좋아하는 모습에서 자꾸만 뒤로 빠지기를 좋아하는 성격으로 변화되었으니 좋아할 동료가 어디 있겠는가? 그렇지만 누구의 권면도 다른 곳으로 귀를 기울일 수 없었다.

오직 일념으로 전능하신 분으로부터 치료를 받아야 된다는 그것이었다. 이 교회 저 교회를 찾아 예배를 드렸고 유명한 목사님이 집회하는 예배에도 참석했다.

또한 밤낮 할 것 없이 시간만 나면 축구장 관중석 하단의 빈 공간에서 하나님을 찾았고 울면서 부르짖었다. 기도할 줄은 몰랐지만 격식과 의미를 따지지 않고 밤낮으로 부르짖었다.

때로 퇴근을 미루고 얍복강가에서 주님을 향해 부르짖던 야곱처럼 처절하게 울부짖었다. 이 아들을 불쌍히 여겨달라고, 이 아들을 살려달라고 몸부림쳤다. 7월 한 달이 어느새 훌쩍 지나가 버렸다.

구주 예수 의지하여

6

성령
세례를
받다

나도 그를 알지 못하였으나 나를 보내어 물로 세례를 주라 하신 그이가 나에게 말씀하시되 성령이 내려서 누구 위에든지 머무는 것을 보거든 그가 성령으로 세례를 주는 이인줄 알라 하셨기에 내가 보고 그가 하나님이 아들이심을 증거하였노라 하니라. (요 1:33-34)

무더운 8월이다. 하나님을 향해 불이 붙어 있던 나는 곽원자 전도사의 인도에 따라 8월7일에 여름휴가를 내어 강화군 석모도에 있는 해명산기도원에 갔다. 신촌역 인근 정류장에서 강화도 외포리 가는 시외버스를 타고 석모도에 있는 기도원으로 갔다.

태어나서 처음으로 가보는 기도원이지만 마음은 편했다. 마음 한 구석에는 반드시 하나님께 응답을 받겠다는 굳은 각오를 하고 출발했다. 하나님의 살아계심을 내 눈으로 반드시 꼭 확인하고 집으로 돌아와야 한다는 절박한 심정으로 집을 나섰다.

처음 보는 조그만 강화 외포리 항은 너무 좋았다. 석모도로 가는 뱃길 위를 배로 이동하는데 갈매기 날고 황토흙탕물로 된 서해바다 모습이 너무 좋았다. 10분정도 짧은 뱃길이었지만 갈매기 울어대는 소리에 시간가는 줄 몰랐다.

석모도 뱃터에 내려 시골 비포장 길을 덜거덕 거리는 버스를 타고 가는 길이 마치 야유회 가는 그 모습이었다. 그러나 오직 믿음 주님을 향한 나의 굳은 각오와 다짐은 요동침이 없었다. 삼산면 매음리 기도원에 다다랐는데 아주 조그만 가정집 같은 기도원이었다. 처음 만나 본 목사님은 신장이 186센티미터나 되는 아주 우람한 큰 체구에 성품 좋은 목사님이셨다.

기도원에서는 가족 같은 분위기로 성도님들과 예배를 드릴 수 있어 좋았다. 모든 분들이 너무도 잘 대해주셨으며 특히 목사님의 설교 말씀은 10분정도 하시는데 강하고 담대하게 살아계신 하나님을 전하고 계셨다.

함께 예배드린 성도들로 하여금 전달하는 강한 메시지가 심령골수를 쪼개기에 충분했다. 설교 한 말씀, 한 말씀에 큰 힘이 실려 있었다. 우주만물을 창조하신 하나님에 대해 강한 메시지와 지금도 다스리시는 주님 그 모습을 그대로 증거하고 있었다.

「성령 "세례"를 받다」

8월 7일은 기도원에 도착한 날이라 여장을 풀고 기도원에서 기도 드리고 저녁식사를 하며 시골에서의 정감 있는 시간을 보냈다. 저녁에 있는 예배준비를 위하여 동네 주민 몇 분과 기도원에 있는 환자 몇 사람과 아내와 나 함께 예배를 드렸다.

처음 들은 목사님의 설교 말씀은 그날도 짧고 간결했는데 살아계신 주님을 전하고 있었다. 저녁 다음날 새벽예배를 드리는 나의 마음은 참으로 가볍고 좋았다.

낮에는 해명산에 올라가 묵상을 하며 주님을 향하고 있으며, 종일토록 주님과 동행하며 서해바다에서 솔솔 불어오는 바람이 얼마나 시원한지 바로 여기가 천국이 아닌가 생각했다. 주님 여기가 천국인가 봐요. 몸도 마음도 너무 좋았다.

이틀째 되는 날이었다.

「풍성이 들녘에 펼쳐진 벼에 푸름이 더하고
논둑에 하늘거리는 풀 한포기와 어울려
아름드리 나의 가슴을 채우고 있다.

여름철 내리쬐이는 따가운 햇살은

하늘거리는 주목나무 잎사귀에 가려

지친 몸과 마음을 포근히 감싸고 있다.

서해바다에서 불어 오는 시원한 바람과

군데군데 떠 있는 조약 섬들이 다가와

주님을 향한 아들의 간절함을 알리고 있다.」

검은 가마솥에 하얀 쌀을 드리우고 나무불을 짚어가며, 가마솥 사이로 하얀 김이 뭉겨 뭉겨나는구나. 나무주걱으로 한 그릇씩 퍼주는 백발이 성성한 권사님의 손맛이 그리도 맛있고 맛있구나.

저녁은 8시 예배를 드리기 위해서 모였다. 10명이 모인 작은 예배지만 우리의 찬송은 한없이 쏟아지는 성령 폭포수처럼 은혜눈물반 성스러운 목소리 반으로 가득히 채워 있다.

"나 같은 죄인 살리신 주 은혜 놀라워
잃었던 생명 찾았고 광명을 얻었네.
해처럼 밝게 살면서 주 찬양하리라."

헤아릴 수 없이 불러보는 찬송가 405장이다.

오늘의 말씀도 살아계신 주님증거이시다. 천지창조와 세상만물을 다스리시는 주님말씀 주제는 온천계시와 생활 속에서 살아 역사하신 말씀을 증거이다. 어느 때와 같이 설교는 간결하고 강력했다.

그 날이 1989년 8월 8일이다. 그 밤이 지난 새벽에 주님께서 보여주셨다.

「함지박이 푸른 풀밭에 놓여 있다. 깨끗한 물이 가득 차 있다. 그 안에 어린아이가 앉아 있다. 씻기고 있는 사람의 얼굴은 알 수 없다. 어린아이 살결이 하얗고 포동포동하다.」

예수께서 대답하시되 진실로 진실로 네게 이르노니 사람이 물과 성령으로 나지 아니하면 하나님의 나라에 들어갈 수 없느니라. 육으로 난 것은 육이요 영으로 난 것은 영이니, 내가 네게 거듭나야 하겠다 하는 말을 놀랍게 여기지 말라. 바람이 임의로 불매 네가 그 소리는 들어도 어디서 와서 어디로 가는지 알지 못하나니 성령으로 난 사람도 다 그러하니라. (요 3:5-8)

성령 세례

물과 성령으로 거듭나 하나님 나라에 들어갈 수 있으니 무엇으로 이 기쁨과 감사를 표현하리요. 할렐루야. 기도원에 들어 올 때 천근만근 무거웠던 몸과 마음이 날아갈 듯이 기뻤다.

역시 하나님은 나를 사랑하고 계셨어. 몇 번씩이나 반복하면서 감사와 영광을 하나님께 돌렸다. 나의 조그만 입으로 감사함을 다 할 수 없는 찬미와 찬송을 계속했다. 이 어찌 한 없이 기쁘지 아니 하리요!

이제는 나도 주님의 확실한 자녀가 되었어.

나의 인생은 보장이 되었으니 그 무엇으로 기쁨을 다 표현할 수 있으리오.

이제 치료되었어.

마음으로 읽고 입으로 시인했다.

기도원에서 큰 은혜를 입고 집으로 돌아왔다. 입으로 시인하고 감사하며 십으로 돌아 왔지만 여선히 몸의 이상은 지속되고 있었다. 오른쪽 겨드랑이 인파선 몽오리는 없어지지 않고 있다. 손등에는 혈액의 회전을 느낄 수 있는 엉뚱한 모습들만 지속되고 있었다. 한결 가벼운 마음으로 사무실에 출근해서 일을 해야 하는 데 마음은 그렇게 가볍지 않았다.

몸에 미열은 계속 되고 겨드랑이 몽오리는 그대로 있다. 도대체 무슨 병이 알 수가 없어 날이 가면 갈수록 성령세례는 잊어지고 근심만 더해갔다. 하루하루 삶이 주님을 찾아 헤매고 치료를 해주기를 기도하며 살아가고 있었다.

스탠드 공간만 있으면 부르짖고 나의 몸을 치료해 주시라고 간구

드렸다. 월 1회정도 돌아오는 숙직을 할 때면 밤이 새도록 주님께 부르짖었다.

축구장 2층에는 매우 큰 공간이 있는데 그 곳에서 심야에 홀로 주여? 주여? 부르짖으면 그 메아리가 전 축구장에 퍼지는 것 같았다. 때로는 소름이 끼쳐 혼자 놀라기도 하고, 이래 죽으나 저래 죽으나 죽는 것은 마찬가지니 기도하다 죽자는 나 홀로 위안도 삼았다. 나 홀로 눈물로 밤을 새고 아침에 눈을 보면 눈이 퉁퉁 부어 있기도 했다.

그렇게도 나에게 잔인했던 칠월과 팔월이 지나고 구월이 되었다. 매일매일 근심은 계속되었지만, 큰 병원에 가서 겨드랑이 몽우리의 조직검사를 해볼 수는 없지만 내속에 흐르는 피검사는 해보고 싶었다.

★주님을 향한 찬송의 시★

주님께서 주님께서 나늘 사랑하시네
아버지여 아버지여 소망이루어 주소서
주님께서 계시하신 주님의 뜻대로
아버지의 참복음을 세상끝까지 전하세
이아들을 이아들을 항상인도하시네
아버지여 아버지여 소망이루어 주소서
아버지의 사랑하심 모두 알수없으나
우리주님 아버지를 영원사랑하리라

(※1989년 10월에 주님 찬미시를 짓고 싶어, 주님을 향한 고백이다. 찬
송가는 『제1장 만복의 근원 하나님』부터 마지막 제558장 『일곱 번
아멘』까지 있다. 찬송가마다 주님을 향한 찬송의 시가 있다. 한 소
절마다 깊고 깊은 뜻은 주님을 향한 간절한 찬미의 내용으로 가득가
득 담겨 있다.

작사자와 작곡자의 예배, 성부, 성자, 성령, 구원, 천국, 성경, 교회,
예식, 절기와 행사, 성도의 성애, 송영과 영창으로 이루어져 있다.
이중 길고 짧은 찬송의 시가 있지만 찬송가 426장 『날 위하여 날 위
하여』 1절과 2절만 있어, 3절과 4절에 부가 수록하여 홀로 부르고
있다)

7

너를
사망의
길로
인도하지
않겠다

내가 진실로 진실로 너희에게 이르노니 내 말을 듣고 또 나 보내신 이를 믿는 자는 영생을 얻었고, 심판에 이르지 아니하나니 사망에서 생명으로 옮겼느니라. (요 5:24)

진실로 진실로 너희에게 이르노니 죽은 자들이 하나님의 아들의 음성을 들을 때가 오나니 곧 이 때라 듣는 자는 살아나리라. 아버지께서 자기 속에 생명이 있음 같이 아들에게도 생명을 주어 그 속에 있게 하셨고(요5:24-26)

혈액검사를 하기 위해서 동작구청길 건너편에 있는 현대병원을 찾아갔다
(현: 이전/1989. 9. 3)

'죽으면 죽으리라' 라는 큰 용기를 가지고 나의 몸에 흐르는 피가 깨끗한지 종합적인 피검사(에이즈 검사 포함)를 해달라고 신청했다. 그리고 사무실로 출근했다.

한강에 흐르는 저 물은 저렇게 평화롭게 흐르는데 나는 전생에 무슨 죄가 있었기에 이러한 고통을 받아야 하나? 수백 번 이 마음과 저 마음이 교차되었다. 한없는 나 자신에 대한 질책과 원망이 휘몰아치고 있었다. 아직도 장래가 기대되는 부모님의 아들로서 효도하지 못한 회한과 아내와 자식에 대한 미안함이 교차되고 반복되고 있었다.

혈액검사를 해 놓은 결과를 기다리는 심정은 내 목숨을 걸고 평생에 한번정도 보는 중요한 시험을 보고 기다리고 있는 것 같았다. 어떠한 결과가 나올지 아무 예측을 할 수 없다.

시간이 다가오므로 더욱 마음에는 공황상태가 되는 것만 같았다. 어느 누구에게도 상의할 수 없고 오직 홀로 잠 못 이루는 밤이 되었다. 아내에게도 혈액검사를 말하지 못하고 검사결과를 기다리는 안타까운 시간만 계속다가 오고 있다.

이리 뒤척이고, 저리 뒤척이며 밤잠을 설치다 자정이 넘은 야심한 시간에 잠시 깊은 잠에 들었다. 그날이 1989년 9월5일 화요일이었는데 주님의 음성이 들린다. 할렐루야!

「너를 사망의 길로 인도하지 않겠다」

근심과 걱정 무거운 짐을 나 홀로 지고 견디다 못해 야심한 밤 깊은 잠에 빠져 있을 때 영광의 주님이 오셨다. 내 모든 괴롬을 불쌍히 여겨 구원해 줄이 오직 예수님이 오셨다.

어지러운 세상모르고 늦은 밤에 깊게 잠든 사이에 주님은 나의 생각과 형편을 아시고 계신 것이다. 잠자리에서 벌떡 일어나 방안을 둘러보았다. 방안에는 아무도 없다. 아내와 큰아이와 작은아이는 꿈나라 여행을 하고 있다. 주님 사랑으로 이 땅에 태어나 처음으로 접해 보는 주님 음성인데도 전혀 이상하지 않았다. 그러나 너무 신기해 한참을 자리에서 앉아 있다가 아내를 깨웠다.

혹시 누구오지 않았지. 아니 이 새벽에 누가 와요? 알 수 없네. 아니 누군가 나에게 **너를 사망에 길로 인도하지 않겠다**고 우렁차고 당당하고 자신에 찬 목소리로 말씀을 하셨는데 누구지. 도무지 누구인지 알 수는 없지만 분명한 주님의 음성이셨다.

기뻐 날뛰며 찬송하리로라. 나의 주님을….

「기쁜 소리 들리니 예수 구원하신다.
만민에게 전하라 예수 구원하신다.
주님 명령하시니 산을 넘고 물 건너
온 세상에 전하라 예수 구원하신다.(찬송가 252장)」

지난번, 서울시 상수도본부산하 배수지사무소에서 아버지의 형상으로 말씀하실 때는 그 음성 그대로 이다. 그 때는 모습이 보였는데 이번에는 전혀 모습은 볼 수 없고 음성만을 들었기에 더욱 신기했다. 주님의 음성은 인간의 음성과 달라서 어느 남성 아나운서의 어떤 목소리보다도 우렁차고 청아하며 당당하고 자신에 찬 소리로 말씀하신다.

한없이 부족한 아들의 생각과 기억으로 아버지의 음성을 어떻게 다 말씀 드릴 수 있으리오. 잠 못드는 밤 새벽 잠을 깨기는 했지만 천근만근 무거운 짐을 지고 있던 것을 내려놓으니 몸은 가볍다. 들뜬 마음에 아침식사는 하는 둥 마는 둥하고 출근했다. 출근하는 나의 마음은 날라 갈 듯이 기쁘고 기뻤다.

이 세상에 만물을 다스리시고 계시는 주님이 나의 삶을 주관하고 계신다니 이 기쁜 마음을 어떻게 다 표현할 수 있으리! 사무실에 출근해서도 일은 손에 잡히지 않고 새벽 미명에 말씀하신 음성과 오후에 있을 병원에 혈액검사 결과만이 머리를 스치고 있다.

오전 내내 사무실에서 업무를 보고 오후 퇴근시간에 맞추어 검사 결과를 보기 위해서 병원으로 갔다. 동대문사무실을 출발해서 서울역에서 환승하고 노량진역을 내려 병원으로 걸어오는 동안 수 없이 불안한 생각이 두려움으로 바뀌고 두려운 마음이 안도함으로 바뀌고 있었다.

인간이 연약하고 간사해서 그런지 새벽아침 주님께서 사망에 길로 인도하지 않겠다고 말씀하셨는데도 걱정 반 기대반하면서 동작구청 건너편 현대병원1층 정문에 들어선다.

이상 없을까?

이상 있을까?

떨리는 마음으로 1층에 들어서니 안내하는 여성이 2층에 있는 병원장 선생님께 가서 검사결과를 보라고 안내한다. 2층에 접수하고 잠시 대기하는 의자에 앉아 기다리고 있다. 몇 명의 대기자가 있어 마음을 조이고 있었다. 마음을 조아리고 있으니 화장실만 자주 가게 된다.

이윽고 내 차례가 되어 원장실로 들어오라 한다. 원장 선생님이 검사결과가 기록된 내 차트 보고 있다. 짧은 그 시간이 너무도 길게 만 느껴진다. 무슨 말씀을 할까?

한참을 보고 있더니 간단하게 "이상 없습니다."

딱 6자이다. 왜 이리 기쁜지 6자인지. 다시 한 번 물었다. 진짜로 이상이 없습니까? 빙그레 웃으면서 이상 없어요. 차트를 보여주는데 보니 영어로 negative 쓰여 있었다. 이 기쁨을 무슨 말로 다 표현할 수 없었다.

차트에 쓰여있는 내용들을 다 알 수는 없지만 종합적으로 이상 없다는 negative로 되어있는 것 같았다.

"원장님, 감사합니다."

몇 번씩 인사를 하고 원장실을 나왔다. 왜 이리 현대병원이 너무 좋고 원장님이 그리도 감사한지 그동안 많은 병원을 가 보았지만 느껴보지 못한 사랑을 느꼈다. 계속해서 '이상 없습니다.' 라는 원장의 말이 나의 가슴을 위로하고 있었다.

1층으로 내려오는 계단들이 있는지 없는지 알 수 없으나 샘솟는 기쁨으로 가득히 채워진 한 계단 한 계단이 있던 것은 확실하다. 주 약속하신 은혜가 내게서 이뤄지니 참되고 참 되도다. 의지하는 자 주께서 기억하시고 큰 믿음주시니 참 감사합니다.

『사람이 만일 온 천하를 얻고도 제 목숨을 잃으면 무엇이 유익하리요 사람이 무엇을 주고 제 목숨과 바꾸겠느냐(마 16:26)』

삶과 죽음에 대한 두려움과 불안으로 가득한 때에 주님은 염려하지 마라 너를 사망에 그늘에 그대로 두지 않겠다는 약속에 말씀이다. 그리고 약속하신 말씀 그대로 이루어 주셨다. 이미 육체 건강에 대해 모두를 알고 계신 것이다. 병원에서 밖으로 나오는데 너무 기뻐 올림픽대회에서 금메달 딴 선수처럼 아니면 큰 시험에 합격한 수험생처럼 펄쩍 펄쩍 뛰고 싶었지만 이목이 두려워 그렇게 하지는 못했다.

길 건너 동작구청 옆 골목을 지나는 동안 한없는 콧노래가 나온다. 하나님께 한없이 감사하고 감사했다. 요사이 내 자신은 근심과 걱정으로 나날을 보냈는데 오늘은 느껴보지 못한 내 자신에 대해 자긍심으로 가득히 채워진 하루였다. 병원에 혈액검사 결과를 보러 갈 때와 결과를 보고 집으로 돌아오는 도로에 걸고 있는 사람들과 건물들이 모두 아름다운 모습으로 변했다.

무심코 지나버린 과일가게에 있는 수박들이 왜 이리 먹음직스럽게 보이는지 가게에 쌓여 있는 수박이 아름다운 모습으로 보이는지 알 수가 없었다.

"이 수박 얼마지요?"

어떤 날 보다도 큰 수박 한통을 사서 들고 집으로 왔다.

"나 같은 죄인 살리신 주 은혜 놀라워

잃었던 생명 찾았고 광명을 얻었네

큰 죄악에서 건지신 주 은혜 고마워

나 처음 믿은 그 시간 귀하고 귀하다"

찬송가 405장을 한없이 부르면서 집으로 왔다.

'나도 이제는 살 수 있다.'

'살 수 있다.'

내 몸속에 흐르고 있는 혈액까지도 주님은 이상이 없는지 아시고 계시니 무엇이 두렵단 말이냐? 이젠 걱정하지 말자. 이젠 걱정하지 말자. 이렇게 그 날 밤은 저물어 가고 있었다. 하루하루를 지속하는 기도와 각종 집회 참석으로 이어지고 있다. 하나님을 향한 고백과 감사로 이어 갔다.

주님, 감사합니다. 주님, 감사합니다.
오직 주님 믿고 의지하며 살겠습니다.

지난번에 주님이 너를 사망으로 인도하지 않겠다 말씀하신 지 꼭 8일째 되는 9월 13일 수요일 새벽미명에 음성이 있음이라.

시편 118편 1~14절을 보아라

『여호와께 감사하라 그는 선하시며 그의 인자하심이 영원함이로다. 이제 이스라엘은 말하기를 그의 인자하심이 영원하다 할지로다. 이제 아론의 집은 말하기를 그의 인자하심이 영원하다 할지로다. 이제 여호와를 경외하는 자는 말하기를 그의 인자하심이 영원하다 할지로다. 내가 고통 중에 여호와께 부르짖었더니 여호와께서 응답하시고 넓은 곳에 세우셨도다. 여호와는 내 편이시라 내가 두려워하지 아니하리니 사람이 내게 어찌할까? 여호와께서 내 편이 되사 나를 돕는 자들 중에 계시니 그러므로 나를 미워하는 자들에게 보응하시는 것을 내가 보리로다. 여호와께 피하는 것이 사람을 신뢰하는 것보다 나으며, 여호와께 피하는 것이 고관들을 신뢰하는 것보다 낫도다.

뭇 나라가 나를 에워쌌으니 내가 여호와의 이름으로 그들을 끊으리로다. 그들이 나를 에워싸고 에워쌌으니 내가 여호와의 이름으로 그들을 끊으리로다.

그들이 벌들처럼 나를 에워쌌으나 가시덤불의 불 같이 타 없어졌나니 내가 여호와의이름으로 그들을 끊으리로다. 너는 나를 밀쳐 넘어뜨리려 하였으나 여호와께서 나를 도우셨도다. 여호와는 나의 능력과 찬송이시요 또 나의 구원이 되셨도다. (시편 118:1~14)

주님의 영광을 세세 무궁하도록 받으실 주님께!

이 어찌 감사하지 아니하리요. 할렐루야!

인간의 지혜로 판단할 수 없는 주님의 전지전능하심에 다시 한 번 무릎 꿇어 감사드릴 수밖에 없고, 주님께 영광을 돌릴 수밖에 없었다.

여호와여 광대하심과 권능과 영광과 이김과 위엄이 다 주께 속하였사오니 천지에 있는 것이 다 주의 것이로소이다. 여호와여 주권도 주께 속하였사오니 주는 높으사 만유의 머리이심 이니이다. 부와 귀가 주께로 말미암고 또 주는 만유의 주재가 되사 손에 권세와 능력이 있사오니 모든 자를 크게 하심과 강하게 하심이 주의 손에 있나이다. 우리 하나님이여 이제 우리가 주께 감사하오며 주의 영화로운 이름을 찬양하나이다. (대상 29:11-13)

8

어매의 사랑이 그리도 크셔라

높은 산봉우리와 깊은 골짜기를 한 폭, 한 폭 담아 병풍처럼 두룬 첩첩산중에 새들도 깊은 새벽 잠에 들어 있었다.

한 겨울 새벽별이 초롱초롱 밝아 있고 아직 먼동이 트기 전 새벽미명에 이 땅에 태어났다. 거칠고 메마른 유대광야는 아니지만 산은 깊고 골이 깊은 산골마을이다.

골짜기 너무 깊어 주변 환경도 보지 말고, 세상도 보지 말고 오직 하늘 만 바라보라는 주님의 크신 은혜로 이 땅에 태어났다. 이 땅에 태어 날 때부터 이 땅에서 사라지는 그날까지 오직 하늘 만 보고 살지 않으면 어려움이 많을 것이라는 믿음이 있었기에 그것을 믿고 살았다.

우리 가족은 너무 어리석고 이것저것을 판단할 수 없는 부족한 사람들이 함께 살아가고 있었으니 어떻게 하랴! 온통 주변을 둘러보아도 산천이고 돈 한 푼 들어 곳이 없었으니 하늘만 바라보고 있을 수밖에 없었지 않겠는가? 가진 것도 없고 배운 것도 없었으니 말이다.

아주 깊고 깊은 산골인데도 우리 집은 하나 없고, 아버지와 어머니께서 남의 집 문간 사랑채를 빌려 살고 있었다. 심심산골 사랑채에도 아기의 울음소리가 들렸으니 이때가 내가 이 땅에 태어났다고 한다.

높고 푸른 산이 하늘에 닿아 이리보아도 저리보아도 산천이다. 신작로에서 구불구불 산길을 따라 마을 어귀에 들어서면 대나무에 둘러쌓인 언덕이 있다.

언덕 위에, 그림 같은 아주 조그만 초가집이 있다. 대나무 언덕 아래 두 개의 개천이 졸졸 흐르고 있다. 한길 개천은 불당(佛堂)에서 내려오는 물(水)길이고, 또 다른 개천은 적산(敵山)에서 내려오는 물길이다. 불당천(佛堂川)과 적산천(敵山川)이 동녘에 먼동이 틀 때면 세찬 물길이 서로 만나 떠들어 대는 소리에 그만 잠이 깬다.

대나무 언덕 위에 초가집이 우리 집이 아닌 남의 집 사랑채에서 태어났지만 어머니 아버지는 너무 너무 기뻐하셨다고 한다. 언제나 하시는 어머님 말씀은 이렇다. 어렵고 힘든 그 시절에 네가 태어나 참으로 기뻤단다. 네가 희망이었지. 네가 자랄 때는 힘든 지도 모르고 너를 키웠단다. 사실 세상에 사는 모든 사람들이 다 힘든 세상이었지 만 우리 가정 일들은 하나하나 풀리고 있었지.

「늘 어머니는 말씀하셨다.

너를 갖기 전 어느 날 꿈을 생생이 기억하고 있단다. 어머니는 나와 함께 어떤 이들을 만날 때마다 하시는 말씀이다.

너는 하늘에서 떨어지는 별을 내가 치마로 받았지.

그런데 네가 들어서고 태어난 거야. 내가 그 별을 치마로 받았을 때 너무 기뻐 너의 할머니와 아버지께 말씀드렸단다. 그리고 마을에서 이웃에게 말을 많이 했었지.」

나 어려서 우리 가정은 가정형편이 매우 어려웠던 것 같다. 당시 논농사가 주 수입원인데 농사도 없으니 남의 집 농사일을 도와주고

쌀을 조금씩 받아먹고, 산에 나물과 약초와 버섯과 고사리를 캐서 시장에 팔아 근근이 살아왔던 것 같다.

그러나 하루가 가고 이틀이 가고, 한해가 두해가 가면서, 무슨 옷을 입고, 먹으며 살까 염려하지 않아도 하늘 아버지가 우리 쓸 것 미리 아시고 곳간에 채워주셨다.

폭풍 한설에 긴긴 밤을 지새우고 따스한 봄날에 햇살이 비추어 올 때 개울가에 불어오는 칼바람을 그리도 잘 견디어 개울 강아지 새잎이 나고 울밑에 겨우내 쌓여있던 잔 서리는 어디로 갔을까?

길가에 아지랑이 피어오르면 풀잎이 한잎 두잎 얼굴을 내 밀면 지난겨울 세찬 눈보라에 견딜만하더냐고 묻고 싶다. 살아 돌아오니 기쁘지 않느냐고? 봄날이 오면 개울 강아지 새싹이 돋아나고 개나리꽃 진달래꽃도 피어오르면 노오란 나비가 찾아오겠지. 산천에 봄이 오면 가을에 수확의 기쁨을 기다리며 다랑이 논과 밭에 씨를 뿌린다.

산천에 여름이 오면 사면을 바라보라. 파랗고 파랗다. 땅도 파랗고 하늘도 파랗다. 더운 바람 불어 오면 정자나무 아래 연실 부채를 부쳐본다. 푸른 땅에 할 일도 많다. 뙤약볕이 내리쬐던 여름날 장맛비가 내려 더위를 식힌다.

해는 서산에 지고 하늘에 쏟아지는 별빛을 바라본다. 밤이 새도록 지졸대며 흐르는 개울가에 반딧불이 깜박이고 정겹던 풀벌레소리 들려온다. 산새도 잠든 울창한 숲 사이로 달빛이 비치고 산천에 굽이굽이 계곡에 물이 졸졸 흐르고 있다. 물에 풀잎을 띄워 보낸다. 산천에 가을이라. 단풍나무 잎사귀가 빨갛게 물이 들었다. 빨간 물이 들은 단풍나무 잎에 새벽이슬을 담겨서 붉은 물방울이 되었다.

마당에 있는 감나무 가지에 잎이 빨강 노랑잎으로 수를 놓았다. 가을바람이 스치다 흘린 알밤을 풀밭 속에 묻어 두고 서두르는 산다람쥐는 겨울준비에 바쁘다. 한 겹, 두 겹이 두른 고을 산천에 울긋불긋 물든 단풍이 아름답다. 산천에 가을 개천물소리 맑아지고 저 높은 하늘에 달빛이 깊어지는 가을밤이다. 깊은 가을밤 별 하나에 가슴에 묻고 깊은 잠에 잠긴다.

다랑이 논과 밭에 황금물결이 춤추고 있다. 수확의 계절이다. 바쁘고 바쁘다. 산천겨울이라. 창문 밖에 소복소복 흰 눈이 내리고 있다. 장작불 구들방 아랫목에 원앙금침 깔아 놓고 누워본다. 눈 내리는 겨울날에 꿩, 비둘기, 토끼, 노루, 맷돼지, 다람쥐, 산새들도 어디선가 자신들의 보금자리를 틀고 있겠지. 산천에 봄, 여름, 가을, 겨울이 가면 한 해가 간다.

우리 어매의 고희연에 아들 며느리와 찰칵

너희가 거듭난 것은 썩어질 씨로 된 것이 아니요 썩지 아니할 씨로 된 것이니 살아 있고 항상 있는 하나님의 말씀으로 되었느니라. 그러므로 모든 육체는 풀과 같고 그 모든 영광은 풀의 꽃과 같으니 풀은 마르고 꽃은 떨어지되, 오직 주의 말씀은 세세토록 있도다 하였으니 너희에게 전한 복음이 곧 이 말씀이니라(벧전 1:23-25)

-애야 돈 가지고 가라

땅거미가 짙게 드리워 질 때

어매는, 애야 돈 가지고 가라고 했지요

저는, 안 가지고 가겠다고 했지요

어매는, 안 된다고 했지요.

저는, 괜찮다고 했지요

어매는,

산골 천수답에 모심던 날에

차마 숨고를 틈도 없이 바쁘던 날에

뙤약볕이 쨍쨍 내리 쬐이던 날에

마른 풀 먹인 적삼에 뻐석뻐석 소리 나던 날에

애야 돈 가지고 가라 했지요.

저는,

괜찮다고 했지요. 어매!

–노모(老母) 생각

오늘 하루도,

오늘 하루도 부슬 부슬 비는 내리고

마음속에 간직했던 수많은 사연들이 여울 저 가고 있다.

이제, 이쯤 그제 이쯤엔 내 고향 말골에 있었건만!

지금, 늙은 노모는 무엇하고 계실까?

이리 갈까 저리 갈까

무엇이 그리도 할 일이 많으신지….

손꼽아 기다리던 이 녀석들은 서너 명씩 우르르 몰려왔다

우르르 몰려가 버리는구나

자식들 떠나버린 늙은 노모 빈 가슴엔 상처만 남아있고

차라리 우리 자식들 오지 않았으면 좋으련만

이 녀석들 이제가면 언제다시 오려나...

한사코 한사코 그 것을 보이지 아니하시려 참고 참더니 만

늙은 어매 가슴엔 눈물 마져 말라 버렸다

오늘 하루도 다하지 못한 이 아들의 가슴엔 눈물만 흐르고

창 밖에는 하루 내내 궂은비 만 내리고 있구나

어매. 어매. 우리 어매

일천구백구십칠년 일십일월 일십사일 덕수궁 옆에서.

아들이

성경 위에 결혼 서약

그 둘이 한 몸이 될지니라. 이러한즉 이제 둘이 아니요 한 몸이니, 그러므로 하나님이 **짝지어주신** 것을 사람이 나누지 못할지니라(막 10:8-9)

그럼, 해야지.

그래서 짝이 되었다.

초겨울이 시작되는 늦은 가을날 밤에 짝이 되었다. 좁디좁은 읍내 길을 따라 가다 성냥갑만한 커피숍에 들어선다. 인적은 없고 주인장만 덩그렇히 앉아 알 수 없는 음악 선율에 묻히어 있다.

9

돕는 배필로 허락해 주신 짝

우리는 좌석에 앉아 커피를 시키고서는 아내와 나 둘이서 어울려 한 쌍이나 이룰 것을 약속하는 듯이 제각각 위세(威勢)를 세워 기(氣) 싸움을 하고 있었다. 강한 눈빛으로 이리보고 저리보고 다부진 입으로는 밀어보고 댕겨본다. 그대의 모습을 보고 또 보고 밀고 댕겨보아도 그대에게 묻어나는 그 정취는 무엇인지 알 수가 없다.

우리 한 쌍은 양가의 부모님과 합세 한 기(氣) 싸움을 한판 벌이고 집으로 돌아왔다. 싸움판을 끝내고 돌아오는 길에 그대가 들려주는 돌아가는 똑똑 발자국소리 들린다.

골목 어귀에 들어서도 그대 발자국소리가 나의 귓전에 쟁쟁하게 울리고 있다. 골목길 공터에 우뚝 당산나무가 서 있다. 지난여름 푸른 잎들로 우거졌을 아름드리 고목에서 떨어진 낙엽들이 가득히 쌓여 있다.

간간히 불어오는 스산한 가을바람에 떨어진 낙엽들이 이리 뒹굴고 저리 뒹굴고 있다. 어젯밤에 그대와의 기 싸움 한판을 준비하느라 자정 넘어 잠이 들어 몸은 무겁고 피곤하다. 방바닥에 나 홀로 드러누워 깊은 낮잠에 빠졌다.

높고 푸른 가을하늘에 떠 있던 해는 서산을 향해 넘어가 아름다운 노을이 머금어 어두움이 다가오고 있다. 아직도 어제의 부족한 잠을 채우지 못해 이리 뒤척, 저리 뒤척이며 방을 뒹굴고 있다.

그만 일어나라. 그만 일어나라. 어매가 깨운다.

아버지는 저녁을 먹고 이야기 좀 하자 하신다.

저녁상에 올라오는 가을에 거두어들인 수확의 결실들이 풍성하다. 달랑 무우를 뽑아 동침이를 담가 놓았다. 굵은 무를 채 깔로 촘촘히 썰어 소금에 절여 깍두기를 담그고, 검은콩을 막대기로 떨어내어 하얀 쌀밥에 섞어 놓았다.

햅쌀을 씻어 두세 차례 헹궈 내어 뿌연 물에다 어매표 된장 넣고, 멸치랑 마늘이랑 호박이랑 넣어 보글보글 끓어 놓았다. 우리 어매 솜씨가 소박하나 아들 몸이 좋아 한 것 미리 알아, 그리도 정성을 담고 담아 큰상에 차례 놓고 올려놓았다

간간히 불어오는 가을바람을 툇마루에서 맞으며 삥 둘러 앉아 개눈 감추듯이 밥 한 그릇과 국 한 그릇을 뚝딱 먹어 치웠다. 밥상을 치우기도 전에 엄하시고 자상하신 아버님이 그대와 함께 치른 한판 전쟁 후기를 마무리 지어야 한디고 하신다.

아버지 : 네 생각은 어떠냐?

아들 : 잘 모르겠습니다.

어머니 : 좋은 것 같은데

아버지 : 그럼, 해야지

그래서 가을밤에 짝이 되었다.

늦은 가을밤에 **"그럼, 해야지"**로 짝이 되었다.

내 인생에 가을이 오면 자랑스럽게 말할 수 있는 준비도 없이 부모님에 의한 맞선을 보고 그 분들께 복종하기 위해 짝이 되었다.

이어서 전화를 했지. 그대의 집으로.

그대의 집 생각은 어떠한지 물었지.

좋다고 했지.

그래서 내일 약혼하자고 했지.

우리는 짝이 되었지.

그날은 한 날밤 내내 긴긴 밤을 보냈다. 날이 저물어 깊은 잠을 청했으나 잠은 오지 않았다. 잠못 이룬 밤, 선잠을 자고 아침이 되니 우리는 부부가 되어 있었다. 딱 한 시간 만남으로 부부가 되었다. 이튼 날 그대와 나 서로의 얼굴도 기억하지 못한 채, 다시 만나 시계 · 반지를 주고받고, 사진 두 장 찍고 부부가 되었다.

내 인생에 가을이 오면 아름다운 모습으로 말할 수 있는 준비와 만남도 없이 짝이 되었다. 짝과 첫 맞선의 만남이 고작 삼천육백촌음으로 우리는 부부(夫婦)에 연(連)을 맺게 되었다.

나 부부가 되어 하나님이 예비하신 날 이르기 전, 처갓집 말뚝에 절하며 살아온 날이 일천팔백칠십여 날이다.

젓은 손이 애처로워 잡아 보는 이 순간

피곤한 몸 못 이기어 깊은 잠이 들었다

큰 놈과 작은 놈 뒹굴고 뛰어 놀다 엄마손 부여잡고

단발머리 맞대고 새근새근 잠이 들었다

그대 얼굴에 살며시 얼굴 맞대어

포근한 사랑으로 감싸 안는다

지치고 곤한 일 함께 나누어

당신에 쌓인 피로 씻어 주리다.

우리 부부가 되어

그대 발에 맞지 않는 신발처럼

늘 그대 마음에 조그만 등짐을 지어주고

살아온 나날이 육백이십여 날이라.

나 당신에게 알리고 싶은 것도 있고,

알리고 싶지 않는 것도 있었으며,

나 당신과 일을 같이할 때 서로 맞는 것도 있고

맞지 않는 것도 있었다.

나 당신 얼굴이 사랑스러울 때도 있고,

미워질 때도 있었으며,

나 당신과 인생 동반자 되고 싶을 때도 있고
되고 싶지 않을 때도 있었으며,

나 당신이 무거운 짐 지고 있을 때-함께 지고 싶을 때도 있고
지고 싶지 않을 때도 있었다.

나 당신이 나를 바라 볼 때-보고 싶을 때도 있고
보고 싶지 않을 때도 있었으며,

나 당신 부모형제가 찾아 왔을 때-보고 싶을 때도 있고
보고 싶지 않을 때도 있었다.

나 당신 부모형제 집에 가자고 할 때-가고 싶을 때도 있고
가고 싶지 않을 때도 있었으며,

당신이 나에게 전화 걸었을 때-받고 싶을 때도 있고
받고 싶지 않을 때도 있었다.

나 당신이 선물줄 때-받고 싶을 때도 있고

받고 싶지 않을 때도 있었으며,

나 집에 빨리 돌아오고 싶을 때도 있고
돌아오고 싶지 않을 때도 있었다.

나 당신이 여행가자고 할 때-함께 가고 싶을 때도 있고
가고 싶지 않을 때도 있었다.

당신과 나 부딪히며 소리내기도 하고
사랑의 길이를 재보기도 했지만,
자존심 상할까 고민하지 않아도 되는 사람이다.

당신과 나 갈 길이 달라
소리내기도 하고 함께 가야 하나 재보기도 했지만,
이별 아픔을 고민하지 않아도 되는 사람이다.

우리가 한 몸 된 날이 일천구백팔십이년이 열리는 첫 달, 행운이
가득한 날이다. 우리 한 몸 되어 세상이 우리 부부를 이끌어 온 대로
살아온 날이 이천사백구십 날이다.

우리는 평생 부부의 연을 찻집에 한 시간 만남으로 결정되었다. 긴

인생여정을 함께 출발했지만 자라온 환경이 너무도 다른 우리는 많은 갈등을 겪어야 했다. 딱 한번 만남으로 결혼을 정혼(定婚) 함으로 인해 서로를 이해할 수 있는 시간이 너무 짧았다. 서로 성장과정과 주변 환경이 다른 두 사람이 한 가정을 이루기 위해서는 자주 만남을 통해 서로 다른 생각과 환경의 간격을 좁혀가는 노력이 필요했다.

공직자로 근무하고 있는 아버지를 모시고 자란 아내는 공무원에 대해 많은 것을 이해하고 있어 많은 갈등을 줄일 수 있었으나, 지방 공무원은 농번기를 제외한 다른 계절에는 다소 여유시간을 즐길 수 있는지 모르지만 대도시 공무원은 연중으로 계속된 업무를 이해하지 못했다.

결혼 초에는 퇴근이후 야간에 있는 절전단속과 야간업소 단속도 있었다. 매일 지속되는 생활이 사무실에 일 밖에 모르는 삶이 되어가고 있었다. 자녀들과 함께 공부도 하고 놀아 주며 가정에 행복을 위해 노력하는 것이 중요한데 가정을 잊어버린 날도 많았다.

이제는 가정에 행복을 채우지 못한 빈자리를 채우며 살아가런다. 이제부터 그대와 함께 새 하늘과 새 땅에서 여호와를 경외하는 부부로 행복한 인생을 살아 보리다.

내 사랑하는 자야 너는 어여쁘고 어여쁘다 네눈이 비둘기 같구나. 나의 사랑하는 자야 너는 어여쁘고 화창하다. 우리의 침상은 푸르고 우리 집은 백향목 들보 잣나무 섯가래 로구나(아 1:15-17)

- 귀한 아내에게

　엊그제 제법 하이얀 눈이 온누리에 포근한 사랑의 감싸주더니 이제는 화사한 햇살이 살포시 얼굴을 내밀며 고층빌딩 유리창사이로 우리의 얼굴을 따스하게 안아주고 있습니다.

　돌이켜보건 지난 16년의 세월이 어떻게 흘러갔는지 모르게 흘러가버리고 지난 세월을 다시 되돌려 보고 싶지만 되돌릴 수 없어 아쉬움만 더합니다.

　그러다보니 큰애도 어엿한 고등학생이 되었고 둘째애는 중학생이 되었습니다. 어느새 준섭이는 어엇한 고등학생이 되었고 동성이는 중학생이 되었습니다.

　준섭이와 동성이는 하나님을 최고로 모시고 형제간에 우애하고 부모님께 효도하고 매사에 형통하며 이웃에게 베풀며 사는 아들이 되기를 기도합니다.

　우리가 16년 전, 하나님께서 만세전부터 택하여 부르시고 오늘까지 지켜주신 하나님께 감사드리며 또한 앞날도 주님께서 보장하여 주시리라 믿어봅니다.

　모든 사람이 결혼기념이다. 부부생일이다. 그들만의 기쁨의 행사를 하는데 우리는 그것한번 제대로 하지 못한 아쉬움이 있습니다.

　왜 이리 세월이 빠른지 아무것도 한 것 없이 세월만보내고 이룬 것은 아무것도 없어 내가 무엇을 했는지 어떤 인생을 살아왔는지 다시 한번 생각하게 됩니다.

주님께서 부여해주신 가장의 역할이 너무 부족하지 않았나 생각하며, 가족에 대한 죄스러움을 금할 바 없답니다.

그러나 분명히 말할 것은 우리의 앞날은 밝다는 것입니다.

언제나 말씀드리지만 우리 주님이 계시지 않습니까?

우리의 삶의 주관자이신 주님께서 우리에게 말씀하십니다.

여호와의 오른손이 높이 들렸으며 여호와의 오른손이 권능을 베푸시는 도다.(시118:16)이미 시편을 통하여 우리의 앞날을 보장하신다고 말씀하셨습니다. 나는 하나님을 신뢰합니다. 주님은 살아계시기 때문입니다.

하나님의 때가 아직 도달하지 않는 가 봅니다. 이 자신감은 주님을 모시지 않을 때는 나 홀로 모든 것을 판단했지만 이제는 전지전능하신 분이 주관하고 나는 순종하므로 승리할 것이며 또한 성공할 것이기 때문입니다.

연초에 우리가 관악산에서 올해 계획을 하나님께 아뢰고 간구드렸던 계획들이 반드시 이루어 질것입니다.

하나님이 역사하시는 그날 우리가족은 기뻐 날뛰며 춤추며 하나님께 영광을 돌릴 것입니다.

아무쪼록 주님안에서 우리준섭이와 동성이가 건강하고 착하며 총명하게 자라주어 감사하고 귀한 당신이 참으며 가정을 잘 이끌어 와 나의 허물과 죄가 있을 지라도 오늘까지 큰 대과 없이 잘 살아온 것 같습니다.

우리의 결혼기념일 자축하며 귀한 당신이 강건하며 하나님의 귀한 사랑과 은혜를 듬뿍 받으시길 기도합니다.

1998. 1. 7

당신을 사랑하는 남편이

• 사랑하는 남편께

우리가 함께 하여 가정을 이룬 지기 엊그제 같은 데 벌써 16년이 되었어요.. 지난날 친정엄마가 당신을 한번 보고 그리 좋아 그렇게 시집을 가라는 성화를 못 이겨 당신을 만났는데 이젠 내가 당신을 먼저 사랑하게 되었으니 이것을 어떻게 할까요?

우리가 결혼하기 전 당신이 나에게 편지를 보내실 때 어린양이라 했지요. 그리고 저 하늘아래 당신의 모습을 그려보면 행복의 문이 열릴 것 만 같다고 하셨죠. 이제는 우리가정에도 행복의 문이 활짝 열려 있어 당신의 편지가 그대로 이루어진 것 같아 너무 고맙고 감사하답니다.

특히 하나님이 우리 가정에 주신 큰 선물인 준섭이와 동성이가 건강하고 지혜로운 모습으로 자라고 있으니 얼마나 감사한지 몰라요 준섭이는 고등학생으로, 동성이는 중학생으로 성장하는 우리 아이들의 모습을 보면 살아가는 인생이 즐겁고 행복하답니다. 나는 당신과 우리 아들이 더욱 건강했으면 좋겠어요. 일년 내내 나의 첫 번째 기도제목은 우리가족의 건강이랍니다. 건강이 있어야 무엇이든지 할 수 있으니까 말이지요? 그래서 당신에게 한 가지 부탁이 있어요. 사무실 일도 중요하지만 당신의 건강도 좀 신경을 쓰셨으면 좋겠어요.

사실 우리가정은 하나님이 함께 한 가정이니 너무 많은 걱정을 하지 않아도 되지만 우리가 해야 할 일을 해야지요. 부탁이 또 하나 있는 데요 당신이 보낸 편지에 있기는 하지만 다른 부부들은 각종 가정 기념일이 있을 때마다 외식도 하고 기념품도 교환하고 그런대요.

우리 가정은 그것이 없잖아요? 물론 당신의 뜻을 이해는 하지만 우리도 그렇게 하면 어떨까 생각하고 싶네요? 다른 부부처럼 아니면 다른 가정처럼 말이에요. 돈은 너무 많이 들지 않게 하면 되잖아요.

고마우신 당신!

수고하신 당신에게 언제나 너무 고맙고 감사하면서 살아가고 있어요.. 더욱 감사한 것은 당신이 직장생활에 힘들고 어려울 때마다 홀로 근심과 걱정하지 않고 언제나 하나님께 기도하는 것이지요.

때로는 당신이 직장에서 집에 돌아와 잠 못 이루는 모습을 볼 때마다 내 마음이 무너집니다. 누구로 인해 저런 고통을 받고 있는 지 때론 당신에게 고통을 주는 그들이 미워진답니다.

그러나 당신에게 말했지요. 하나님이 살아 계시니 염려하지 말라고요. 그리고 하나님은 언제나 우리 편이시고 당신이 고통을 받을 때 하나님이 그 자리에서 계시면서 분개하고 계신다는 것을 당신은 알고 있잖아요..

그것이 살아계신 하나님의 역사이고 성경말씀이지요.

대적들이 멸망하기까지 살아계신 하나님은 당신우편에 계시면서 대적들을 대응하고 계실 테니까요. 그래서 당신은 절대로 염려하거나 낙망하실 필요가 없어요.

그리고 당신이 좋아하는 시편 118편 7절에 여호와께서 내 편이 되사 나를 돕는 자 중에 계시니 그러므로 나를 미워하는 자에게 보응하시는 것을 내가 보리로다, 라고 말씀하셨잖아요? 그래서 당신은 모든 것이 잘 될 수밖에 없어요. 그리고 우리가정도요.

여보. 믿으세요, 두고 보시면 아실 거여요. 그리고 사랑해요.

그리고 당신과 함께 더 많이 기도하여 더 큰 사랑을 살아계신 하나님으로부터 받고 싶어요.

감사해요.

1998. 1. 10

당신을 사랑하는 아내가

- 장(張) 선생님께

아내들이여 자가 남편에게 복종하기를 주께 하듯 하라 이는 남편이 아내의 머리됨이 그리스도께서 교회의 머리됨과 같음이니 그가 친히 몸의 구주시니라 그러나 교회가 그리스도에게 하듯 아내들도 범사에 그 남편에게 복종할찌니라 남편들아 아내 사랑하기를 그리스도께서 교회를 사랑하시고 위하여 자신을 주심같이 하라 이는 곧 물로 씻어 말씀으로 깨끗하게 하사 거룩하게 하시고 자기 앞에 영광스러운 교회로 세우사 티나 주름잡힌 것이나 이런 것들이 없이 거룩하고 흠이 없게 하려 하심이니라 이와 같이 남편들도 자기 아내 사랑하기를 제 몸같이 할 찌니 자기 아내를 사랑하는 자는 자기를 사랑하는 것이라 그러나 너희도 각각 자기의 아내 사랑하기를 자기같이 하고 아내도 그 남편을 경외하라. (엡 6:22-33)

정(情) 그리고 용감(勇敢), 자신감(自信感)에 불타는 나의 가슴은 누가 알련지요? 3단에 새기어 정(情), 용감(勇敢), 자신감(自信感)은 누구에게도 기울여지지 않는 인간이 되려고 합니다. 당신의 따스한 마음을 언제나 그리워하면서 28년여 새기어 온 나의 정성을 이루고자 함이 나의 정성이요, 또한 각오입니다. 나의 각오는 자신감에 불타는 마음과 서로 이해를 통해, 사랑의 한 덩어리가 되어 결정체를 이루고 싶습니다.

이젠 얼마 남지 않는 우리의 결합을 『하느님의 축복과 사랑』으로 크게 받고 싶다오..

이 밤도 깊어만 가고 있는데 이젠 당신과 나 사이에 자존심 같은 것 멀리하고 누구보다 사랑하고 이해하며, 영원을 기약하며, 누구보다 노력하며, 우리의 미래를 만들어 봅시다. 삶은 소극적인 것보다 적극적인

자세로 이루어가야 될 것이며, 무(無)에서 유(有)를 창조해야 한다는 각오로 살아가야 할 것입니다. 불타는 이 사람을 믿어주고 앞으로도 영원토록 이 사람을 믿어주길 바라오. 우리는 만나는 날이 짧고, 서로를 애기 할 수 없는 날이 짧았기 때문에 그렇지 않는 가 생각이 되오, 가까운 시일 내에 이 사람을 믿게 되고 삶에 대한 긍지를 가질 것을 나는 확신하오.

나중에 내가 새겨놓은 삶의 각오와 나의 일기장에 기록해 놓은 글들을 보면은 이해하게 될 거요. 오로지 자신감, 누가 모라고 해도 나만이 가지는 자신감이 있습니다. 젊음의 패기로 누구보다도 잘 살 수 있다오. 화려하지 않고 담백한 미를 나타낼 수 있으며, 은근하고 끈기 있는 나를! 가난하지 않으며 부유하며 빈약하지 않으며 튼튼하며, 소극적이지 않고 적극적이며, 미워하지 않으며 사랑하며, 영원토록 당신을 사랑하며 존경하면서 뜻있는 하나의 성공체를 이루고 싶습니다.

끝으로 이번에 장인 장모님 오셨을 때 혹시라도 부족한 과오가 있었는지 모르지만, 미완성의 젊은 인간이라는 것을 믿어주길 바라오.

오늘의 만족보다도 내일의 발전의 여지를 생각하면서 내가 한 일에 대해서 결코 반성은 할지라도 후회를 않는다는 각오로 살아갑시다. 부디 몸 건강하고 반가운 내일, 사랑스런 내일이 오길 바라고 빌고 싶습니다.

1981년 12월 27일 밤11시(결혼 10일前)

큠이

주 안에서 부부가 행복해야

▌동대문야구장 전경

너는 자기를 위하여 새긴 우상을 만들지 말고 또 위로 하늘에 있는 것이나 아래로 땅에 있는 것이나 땅 밑 물속에 있는 것의 아무형상이든지 만들지 말며 그것들에게 절하지 말며 그것들을 섬기지 말라. (출20:4-5) 나 여호와 너의 하나님은 질투하는 하나님인즉 나를 미워하는 자의 죄를 갚되 아비로부터 아들에게로 삼사대까지 이르게 하거니와 나를 사랑하고 내 계명을 지키는 자에게는 천대까지 은혜를 베풀리라. (신 5:8-10)

시립운동장 내에 있는 야구장은 아마추어 야구 전용구장이다. 한국 야구는 1905년 미국인 선교사 길레트가 도입한 이래 고등학교와 대학을 중심으로 한 아마추어 스포츠로 급속히 성장해 왔다.

10

동대문야구장 인조잔디공사 준공식 고사 (告祀)

특히, 고교야구는 빅4라 불리는 대통령배(중앙일보), 청룡기(조선일보), 황금사자기(동아일보), 봉황대기(한국일보) 대회가 있었다.

국내의 메이져 신문사에서 주최하는 고교야구대회가 있는 날이면 프로야구 출범하기 전에만 해도 시립운동장주변에 인산인해를 이뤄 사람이 다닐 수가 없을 정도로 붐볐다고 한다.

고교야구에서 대회 이름에서 기(旗:깃발)는 기를 쟁취한다는 것이고, 배(盃)는 잔을 (컵:Cup)을 쟁취한다는 것이라 한다.

한국 프로야구도 1981년 12월 11일 롯데호텔에서 창립총회를 갖고 프로야구 출범을 공표했다. 다음해 1982년 3월 27일 MBC 청룡 대 삼성 라이온즈의 역사적인 개막전도 시립운동장 야구장에서 했다.

동대문야구장에서는 전국대학야구대회와 고교의 전국대회은 물론이고 서울지역 고교야구대회와 실업리그까지 계속해서 경기를 개최함으로 인해 천연잔디구장으로는 도저히 감당할 수 없었다. 천연잔디구장은 경기를 소화할 수 있는 최소 기간이 필요하다. 잔디 생육과 피로회복을 위해 엄격한 관리가 필요하다. 때론 야구경기시 깊게 패인 잔디를 보식도 필요할 경우도 있기 때문이다. 이렇게 할 수 없을 때에는 참으로 잔디로 인해 경기에 큰 어려움에 봉착한다.

야구경기는 TV로 중계를 하는 경우가 많기 때문에 잔디모습에 따라 시정(市政) 나쁜 이미지를 심어 줄 수도 있다. 그러기에 잘 관리를 해야 하나 주변 여건이 처리가 그리 쉽지 않다. 사실 천연잔디구장을 관리하기 위해서는 잔디 종묘장을 설치해야 한다. 이를 관리를 하기 위한 예산과 인력이 필요한 데 예산은 계속해 삭감되고 있다.

잔디관리는 잘 해야 되고 예산과 인력은 없으니 계속 고민만 쌓여 가고 있었다. 대한야구협회에서 경기 일정은 잡히는데 사용할 경기장은 없고 이를 조정할 방안은 없으니 어떻게 해야 할지 사무실내에서도 고민이 많았다.

이를 타개하기 위한 방안으로 서울시의 방침을 얻어 야구장을 인조잔디구장으로 개조하자는 것이었다. 야구장의 총면적은 18,016㎡ (5,459평)이다. 총면적에는 스탠드면적이 포함되어 있어 실질적으로 경기를 하는 11,778㎡(3,4569평)를 인조잔디로 포설 시공하는 공사이다. 1989년에, 서울시관련과 예산에 반영하여 편성하고 이를 교부를 받아 운동장에서 설계와 시공을 동시에 할 수 있는 회사를 선정했다.

대한야구협회와 일정을 협의와 조정을 거쳐 익년도 야구경기를 하는 데 지장이 없도록 최대한 공사일정을 짧게 잡아야 한다. 그러나 공사란 정해진 공정이 있기 때문에 아무리 효과적으로 공사를 시행한다 해도 공기(工期)를 대폭 줄일 수는 없다. 1990년 4월에 대한야구협회에서 주관하는 1990년 대통령배 전국고교야구 개막전까지 완벽하게 시공을 해서 준공해야하는 아주 어려운 공사였다.

또한 야구경기를 할 수 없는 추운 겨울에 공사를 해야 하는 어려움도 있었다. 당시에, 외국에는 인조잔디포설공사가 일반화 되었는지 알 수 없으나, 국내에는 시공사례가 많지 않아 시공기술에 대한 검증도 되지 않는 상태였다. 정밀시공을 하기 위한 기술자와 사례를 참고하기위한 곳도 마땅치 않아 시공 상 많은 어려움이 있었다.

대부분의 외국 야구장은 천연잔디로 시공되어 있다. 그런데 이번 공사는 타자가 타석(홈)에서 출발하여 1루, 2루, 3루를 베이스를 밟고 뛰는 노상을 외에는 인조잔디로 포설해야 하는 공사이다. 인조잔디는 봄부터 가을까지 어떤 계절에도 문제가 없어야 한다. 때로는 눈이 와도 장마에 폭우가 내려도 기후에 상관없이 전전후로 경기를 하는데 사용이 가능하도록 인조잔디를 시공해야 한다.

일반적으로 공사는 혹한기에는 하지 않는 것이 통례이다. 그러나 약속된 1990년 4월에 대한야구협회에서 주관하는 시즌개막을 위한 전국대통령배 고교야구대회에 맞추어 공사를 강행할 수밖에 없었다. 설계와 시공의 전체를 총괄하는 김성겸 계장과 실무를 담당하는 김성수 주임의 많은 수고가 있었다.

1990년 4월 초에 있을 대통령배전국고교야구대회 개막식에 맞추어 준공예정이었으나, 인조잔디구장은 강우(强雨)로 인한 배수가 원활히 되도록 기반시공을 철저히 하기 때문에 계속된 점검과 보완으로 공사가 지체되고 있었다. 아울러 월동기 공사를 시행함으로 인해 선행공정이 계속 지연되면 다음 공정이 지체되어 다소 늦은 1990년 5월24일에 준공식을 하게 되었다.

동대문야구장은 일제 강점기인 1926년에 우리나라 최초 근대식

체육시설로 개장되어 운영되어 왔으나, 서울시의 새로운 계획에 의해 2006년 10월에 동대문운동장 시설이 전면적으로 철거하기로 결정되었다. 2007년 12월 18일부터 야구장의 철거 작업이 시작되어 2008년 3월 14일에 완전히 철거되어 야구장은 영원히 역사 속으로 묻혀버렸다.

여호와여 주의 하신 일이 어찌 그리 많은 지요 주께서 지혜로 저희를 다 지으셨으니. (시 104:24)

『가마솥에 누렇게 기름기가 둥실 둥실 떠있다. 네모난 상 위에 먹음직스러운 가래떡이 놓여 있다.
자세히 살펴보니 가마솥에 있던 가래떡이 누런 구렁이를 삶아 상 위에 가득히 차려 놓았다.』

주님께서 보여주신 것(1990. 5. 24일)이 무엇일까? 매우 궁금했다. 어느 날이나 다름없이 사무실에 08:30분경에 사무실에 출근했다. 그날도 특이한 사항이 없이 근무를 시작했다. 아침에 출근해서 차를 한잔하고 사무실에 있는데 관리계장이 모든 직원들은 야구장으로 오라는 것이다.

그 이유를 들어본 즉 오늘 경기장 인조잔디 준공식 고사를 지낸다는 것이다. 대한야구협회주관 준공식 고사(告祀)로서 야구협회 주요 인사들이 많이 참석하기때문에 남자 직원들은 모두 야구장 본부석 앞으로 전원 집합하라는 것이다.

직원 근태를 담당하는 주무계장 지시라고 했다. 우리의 주요 고객인 대한야구협회 회장을 비롯한 주요 관계자가 참석하기 때문에 반드시 참석해야 한다. 운동장의 기관장보다 더 중요한 인사들이 오시기 때문에 직원들은 참석해야 한다고 했다.

관리사무실은 축구장 스탠드 하단에 위치하고 있기 때문에 야구장을 직접 가보지 않으면 무슨 일이 있는지 전혀 알 수가 없다. 야구장의 관리 책임자와 축구장 관리책임자가 별도로 지정되어 있어 관리도 경기장별로 하고 있었다. 축구장의 감독 이계춘 씨와 야구장의 감독 이계범 씨가 운영하고 있었다.

이번 고사는 야구장에서 열리는 관계로 이계범 감독을 중심으로 야구장 관계자들이 준비하고 있었다. 고사(告祀)를 지내는 시간은 10시30분인데 직원들이 야구장에 도착하니 이미 음식은 질서정연

하게 차려져 있었다. 아무 생각 없이 그저 오라고 해서 가보는 자리였다. 도착하가 전까지는 전혀 예측하지 못한 자리였다.

그 상차림을 보는 순간 참으로 많이 놀랐다. 그 순간, 머리에 스치는 것이 있었다. 꿈속에 보았던 그것이다. 오늘, 새벽 미명에 주님이 보여주신 그 모습 그대로였다. 이 드넓은 야구장경기장 중앙 본부석 입구 정면에 큰 상(床)을 놓아 상위에 제사상 차림표에 의한 상차림으로 반듯하게 차려 놓았다.

떡과 과일이며 나물이며 각종 많은 음식들이 가지런하고 먹음직스럽게 진열되어 있었다.

이윽고 고사를 지낼 시간이 되어 대한야구협회장을 비롯한 주요 인사들이 절하고, 다음은 운동장 기관장을 비롯한 직원들이 하는 차례로 절을 한다. 주무계인 관리계직원들이 먼저 절을 하고 이어서 시설을 담당하고 있은 직원들이 해야 한다는 것이다. 나는 멀리 떨어진 자리에서 은근히 쳐다 보고 있었다. 차례차례 직원들이 가로로 줄을 서서 차례대로 절을 해야 된다고 한다.

드디어 내 차례다. 나는 절을 할 수 없다고 했다. 왜 하지 않느냐는 것이다. 당시는 믿음도 없고 성경도 모르고 있었기에 말이지, 꿈속에서 보여주시지 않았다면 주변의 체면 때문에 절했을지도 모른다.

거의 100명이 참석한 큰 고사의 모든 순서가 마무리가 되어 사무실로 돌아왔다. 조금 있으니 음식물을 가득히 가지고 사무실로 가지고 왔다. 떡이며 막걸리며 다양한 음식들은 가지고 와서 직원들은 사무실에서 다른 현장직원들은 각기 다른 대기실과 당직실에서 맛있게 먹고 있었다.

그러나 나는 먹을 수 없었다. 비단 구렁이로 보이는 그 음식을 어떻게 먹을 수 있단 말인가. 도무지 먹을 수 없었다. 일부 직원들의 비아냥거리는 질책과 원망도 있었지만 당시 아무것도 모르는 행(行)할지도 모른 우를 범하지 않았다.

나아가, 우상에게 절하지 않도록 인도하신 주님께 너무 감사하고 감격했다. 주님은 이 세상 모든 만물을 창조하시고 지금도 주관하고 계셨기에 인조진디공사 시행과 야구장운영도 주관계신 것이다.

공사 준공일정이 계속지체 되어 준공식 행사와 개막식 일정이 모든 것들이 변화가 있었는데 이를 다스리시고 주관하신 그 큰 사랑에 감사했다.

주께서 내가 앉고 일어섬을 아시고 멀리서도 나의 생각을 밝히 아시오며 나의 모든 길과 내가 눕는 것을 살펴 보셨으므로 나의 모든 행위를 익히 아시오니(시 139:2~3)

3

나 가난 복지 귀한 성에

11

삼각산 에서의 절규

구하라 그리하면 너희에게 주실 것이요 찾으라 그러면 찾을 것이요 문을 두드리라 그러면 너희에게 열릴 것이니, 구하는 이마다 얻을 것이요 찾는 이가 찾아낼 것이요 두드리는 이에게 열릴 것이니라. 너희 중에 누가 아들이 떡을 달라 하면 돌을 주며, 생선을 달라 하는데 뱀을 줄 사람이 있겠느냐. 너희가 악한 자라도 좋은 것으로 자식에게 줄 줄 알거든 하물며 하늘에 계신 너희 아버지께서 구하는 자에게 좋은 것으로 주시지 않겠느냐. (마 7:7-11)

하나님 구원의 은총과 큰 사랑이 무엇인지 깊이 깨닫지 못한 무지의 시간들만 계속되고 오직 병든 육체의 치료 받기를 원하는 나는 언제이든 어는 곳이든 주님의 은혜가 있는 곳이라면 찾아 가곤했다.

동대문축구장 객석하단에 있는 많은 빈 공간들이 나에게는 주님을 향해 울부짖음과 외침을 할 수 있는 더 없이 좋은 공간이다. 때로는 축구장 앞 노상에 각종 질병을 치유할 수 있다는 민간요법 재료들을 자주 판매하곤 했다. 이 재료들이 혹시 나에게는 획기적인 치료의 약이 되지 않을 까 하여 구입해 먹기도 하고 지나는 곳곳마다 약을 파는 곳이면 찾아 갔다. 내가 살기위해 짚뿌라기라도 잡는 심정으로 무엇이든지 구하고 먹고 싶은 심정으로 하루하루를 살아왔다. 몸과 마음이 지칠 대로 지쳐 버린 나는 아내에게 투정을 부려 보았지만 마음만 상했지 서로 무엇이 유익했을까?

사실, 특별한 경우가 아니면 나의 힘든 모습을 보이지 않으려고 했다. 하루하루 시간이 갔지만 육체의 질병은 치료가 되지 않아 두려움과 염려와 걱정뿐이다.

언제 어디서든 나의 간절한 바람은 하나님이 아들의 육체를 치료해 주시기를 원하는 목적이 있었기 때문에 사실 어느교회를 정해 예배를 드리는 것이 그렇게 중요하지 않았다.

온통 어느 교회 예배에 참석을 해도 귀에는 성경말씀은 들어오니 않고 오직 신유은사를 통해 어떤 질병이 치료받았는지를 주변성도들에게 듣고 싶었을 뿐이다. 부흥회와 같이 집회만 있는 곳이면 정처 없이 찾아 헤매이며 신유은사가 있는 사람이면 만나고 싶었다. 그들을 통해 위로 받고 싶고 치료받고 싶었다.

이 곳, 저곳에서 하는 많은 부흥회 참석은 물론이고, 대형교회 목사님을 찾아가 예배에 참석해 은혜받기를 원했으며 기도를 많이 하는 여전도사님을 따라 사무실 일과를 맡치고 삼각산과 청계산에 밤 기도를 따라 다녔다.

어느 곳이든, 언제이든 한없이 주님의 사랑을 찾아 헤매는 매일매일 되풀이 되는 삶이었다. 어느 금요일 퇴근 후, 밤 9시경 서대문 북악터널 인근에 있는 연예인교회 입구에서 여성 전도사를 만나 삼각산 정상으로 올라가 밤 기도를 하기 위해 떠났다.

삼각산이 어떤 산이며 높이는 얼마나 되는 지, 아무것도 모른 채로 하루 일과를 마친 지친 몸으로 쉬지도 못하고 이 밤에 산을 올라 가야 된다고 하니 한없는 자괴감이 엄습해 왔다.

어쩌다 이 모양이 되었지?

내가 왜 이렇게 되 버렸어?

나는 왜 이러한 모습으로 세상을 살아가야 하나?

꼭 이렇게만 살아야 되나?

나의 인생은 이런 건가?

삼각산을 향한 나의 발걸음 한걸음 한걸음이 무겁고 무거웠다. 온통 산길에서 내려다보인 서울 시내의 야경은 휘황찬란한 불빛으로 가득하나 마음에는 한없는 눈물로 가득하다. 나름대로는 착하게 살려고 했는데 모두가 쉬고 있고 세상 즐거움에 취해 있을 것인데 나는 야밤에 산길을 걸다니?

나와 함께 산 기도를 가고 있는 여 전도사는 나를 하나님께로 온전히 이끌기 위해 많은 헌신을 하고 있었다. 돌이켜 보면 그분이 나의 신앙생활에 상당한 영향을 끼치고 있었던 것 같다. 달도 없는 칠흙같이 어두운 밤에 험한 산길을 따라 한 걸음 한걸음 발길을 옮기고 있다.

대낮에 가보지 못한 협곡의 길을 야밤에 산행을 하다 보니 돌부리에 채이고 풀숲에 넘어지며 나무에 씻기면서 오직 삼각산 정상을 향해 올라간다. 연예인교회를 출발한지 40분 정도 지났을 때 산길 건너편 숲속에서 무슨 징을 치는 소리가 계속해서 들린다. 도무지 무엇 때문에 누가 징을 치는 소리인지 알 수가 없어 물었다. 앞서 올라가고 있는 전도시께 물었다.

"왜 이 밤중에 누가 징을 치는 것일까요?"

무당들이 이 산에 올라와 징을 치면서 본인들이 믿는 신을 부르는 소리라고 했다. 징소리는 계속해서 들리고 무슨 소리인지 주문을 외우는 소리도 조금은 들리는 것 같았다. 산속에 갑자기 무당을 접한 나는 지난 날 기억이 되살아 나온다.

나에게는 어려서 겪었던 참으로 안타까운 일이 있었다. 초등학교 4학년 때 까까머리에 낡은 검은 셔츠와 흰색 면바지를 입고 검은 책보에 책을 싸서 어깨에 메고 학교까지 뛰어 다닐 때였다. 당시 우리 나라는 시대적 경제상황이 매우 좋지 않은 시절이라 내가 살고 있는 시골에는 아침, 점심, 저녁식사를 날마다 일정한 할 수 없는 때였다.

우리가 입은 옷 또한 남루하기 그지 없어 일년에 고작 몇 벌의 옷을 가지고 입고 지냈으며, 새 옷과 새 신발은 추석이나 설에 신을 수 있는 때였다. 새 옷을 한 벌 입고 싶어 추석과 설을 기다려야 했다.

추석과 설 전날 밤에는 밤잠을 자지 못하고, 내일 아침에 입을 새 옷과 새 신발을 먼저 신었다고 부모님으로부터 야단을 맞기도 했다. 시골 5일장에서 부모님이 사서 가지고 오신 옷을 입지는 못하고 밤이 새도록 벽장에 넣어 놓았다가 다시 꺼내 입지 못하고 가슴에 안고 잘 때도 있었다. 일 년에 두 켤레 정도 새 신발을 부모님이 사 주시는데 추석에 사면 설까지는 아껴서 신어야 한다. 새 검은 고무신을 사가지고 오시면 몇 번이나 고무냄새를 맡다보고 벽장에 넣어 놓았다 꺼내고 되풀이 하면서 신발을 신었다. 자갈을 깔아 놓은 신작로 길에 새 신발을 신으면 닳아질까 두려워 맨발로 다니기도 하고 손에 들고 뛰어 다니기도 했다.

가끔은 신작로에서 한센씨 병자를 만날 수 있었는데 한센씨 병자들이 사람을 해친다는 풍문이 많았다. 신작로에서 만난 그들은 온갖 옷가지를 몸에 두르고 머리는 길러 험상궂은 모습으로 다니 그들만 만나면 기겁을 하고 도망가고 그랬다. 물론, 그들이 한센씨 병자였었는지는 알 수가 없다.

또한 그들이 사람을 잡아먹으면 자기들 병이 낫는다고 해서 우리를 잡아먹을지도 몰라 언제나 통학길에는 긴장감이 감돌고 있었다. 우리 마을에서 신작로까지 4키로를 가야 되고 신작로를 걸어서 초등학교까지 가는 길이 2키로나 되어 매일 매일 학교 통학전쟁을 치루고 있었다.

우리에게 무서운 것이 또 있었다. 산 짐승들이다. 호랑이 애기는 들어보기는 했지만 직접 보기는 못했지만 무덤을 파는 여우가 있었다. 학교 옆을 흐르는 섬진강 건너편에 여우가 무덤을 파서 갔다는 말도 있어 우리에게는 매우 무서운 동물이었다.

우리는 한센씨 병자에게 잡혀 먹히지 않으려고 매일 마을 단위별로 통학반을 만들어 6학년 학생이 통학반장을 하여 줄을 세우고 줄을 인솔하여 집으로 간다. 언제나 우리 마을 학생들이 함께 학교운동장에서 긱 통학단위 마을별로 줄을 서고 마을이 원거리인 학생들부터 선생님 구령에 의하여 출발하였다.

그러면 선생님은 우리학생들에게 통학에 따른 주의사항을 말씀하신다. 신작로에 자동차가 지나가면 신작로에 깔아놓은 자갈이 튀겨 우리 머리를 다칠 수도 있고, 거지도 만날 수 있으니 항상 함께 조심히 통학을 하라고 한다. 통학반장인 6학년 어린이에게는 반장완장도 채워주고 1학년부터 6학년 학생 모두를 잘 인솔하여 마을 입구까지 안전하게 인솔하라고 했다.

토요일 그날, 우리 마을 6학년인 재길 형이 통학학생을 모두를 인솔하여 먼지와 자갈이 날리는 신작로를 지나 마을로 향하고 있었다. 그런데 우리 마을을 가기 위해서는 아주 위험한 전라선열차 철길을 건너야 했다.

철도 건널목이 높은 산 언덕 중간을 잘라 설치되어 있어 양옆에 있는 산이 건널목 건너는 사람들의 시야를 가려 있어 볼 수가 없다. 사고 당일 날 어린 학생들이 건널목을 건너는데 우리통학생 긴 줄의 중간을 스쳐가고 만 것이다. 안타깝게도 그만 우리 옆집에 살고 있는 친구한 명이 여수발 서울행 12시 30분 특급열차에 치여 운명을 달리 했다.

나는 통학생 줄의 중간이 아닌 앞줄에 서있어 아무 영문도 모른 채 열심히 마을을 향해 뛰고 있었다. 느낌이 이상해 잠시 뒤를 돌아보니 열차가 철도 중간 다리에 서는 것을 보고 우리 학생들은 더욱 놀라 한없이 마을 향해 더 빨리 뛰고 또 뛰었다.

한참 뛰어 마을로 오고 있는데 얼굴을 모른 어른 두 명이 우리를 계속해서 부를 것이다. 우리는 영문도 모른 채 한참을 뛰다가 멈추어 있는 데 우리에게 다가와 묻는다. 오늘 학교에서 출발한 통학생 명단을 묻는다. 그리고 우리에게 철길까지 같이 가자는 것이다.

우리는 겁에 질린 모습으로 왔던 길을 다시 되돌아 철길로 향했다. 한걸음 한걸음이 두려움과 걱정으로 철길을 갔을 때는 우리가 건넜던 건널목에서 20미터 정도 떨어진 곳에 친구가 가마니로 덮어 있었다. 통학 학생 모두는 많이 놀라와 겁에 질려서 아무 말도 못하고 마을로 돌아왔다.

철길 위에 길게 정차해 있는 특급열차가 너무 미웠다. 내 친구를 죽이다니 한없이 두렵고 떨리고 밉고 이 어찌 말로 표현할 수가 없었다. 당시만 해도 우리는 서울은 먼 다른 나라 세상인 줄 알았고, 12시 30분 특급열차는 너무도 우리들에게 두려운 존재였다. 철길 위를 달릴 때 고속으로 달리기 때문에 많이 무서웠다.

열차가 다니는 철도는 가끔 순찰차가 다녀 절대로 철도를 다닐 수 없고 건너는 것도 우리는 두려워 많이 조심했다. 친구를 보낸 통학생들은 너무 너무 겁에 질려 며칠 동안 잠을 이룰 수 없었고 친구를 잃은 슬픔에 너무 너무 가슴이 아프고 울었다.

그러한 안타까운 일이 있은 후 며칠이 지났다. 우리 통학생들의 가슴에서 친구가 잊혀지지 않았는데 운명을 달리한 친구 태윤이네 집에서 굿을 한다는 것이다.

여호와께서 저에게 이르시되 어떻게 하겠느냐 가로되 내가 나가서 거짓말 하는 영이 되어 그 모든 선지자의 입에 있겠나이다 여호와께서 가라사대 너는 꾀이겠고 또 이루리라 나가서 그리하라 하셨은즉, 이제 여호와께서 거짓말하는 영을 왕의 이 모든 선지자의 입에 넣으셨고 또 여호와께서 왕에게 대하여 화를 말씀하셨나이다. (왕상 22:22-23)

당시만 해도 시골에서는 가정에 무슨 어려운 일만 있으면 무당들을 찾아가서 점을 보는 것이 우리부모들 생활의 일상이었다. 나 또한 어머니로부터 무당굿에 대해 많은 애기를 들을 수 있었으나 한 번도 볼 수는 없었다.

이윽고 그 친구의 집에서 무당굿판 일정을 정해 놓은 날짜에 구경을 하러 갔다. 무당굿판을 한 번도 보지 못한 나는 어머니와 함께 그 집으로 갔는데, 평상시 점을 보는 것은 일상적인 생활에 대한 내용을 들은 것이라면 무당굿은 신을 크게 달래야 운명을 달리한 친구 한을 풀어야하는 한다는 것이다.

현재 내 친구 태윤이가 하늘 어디인지 모른지만 원한(怨恨)이 되어 지천에 떠돌고 있기 때문에 반드시 달래 주어야 한다고 한다. 그래야 또 다른 그 친구의 가족이 해(害)를 당하지 않는 다는 것이다.

마을은 전기도 공급되지 않았기에 질흙같이 어두운 밤중에 무당굿이 시작됐다. 무슨 음식을 차렸는지 잘 알지는 못하지만 많은 종류를 정성을 들여 차려진 놓은 상 앞에서 무당이 펄쩍 펄쩍뛰면서 징을 계속해 친다.

처음에는 멍석에서 대나무와 조그만 종소리 나는 것을 들고 뛰면서 신을 부르는가 싶더니 시간이 가면서 더욱 분위기가 고조되어 더욱 높이 뛰었으며, 가족들에게도 대나무를 잡으라고 주면서 같이 흔들어 대는 것이다.

시간이 가면서 더욱 분위기가 올라가더니 황소에 먹이를 자르는 작두날이 날카롭게 있는 데도 뛰기 시작한다. 도무지 어떻게 저 동작이 가능할 까, 이해되지 않았다. 참으로 작두 위에 계속 뛰고 있을 때에 구경하러 온 마을사람들이 신기하고 걱정스런 모습으로 보고 있다.

가을 추수가 끝나고 늦은 가을밤 이었다. 어둠이 짙게 깔린 야밤에 몇 번이나 날카로운 작두 위에 뛰었는지 알 수 없었으나 한참을 뛰고 또 뛰더니 마당 가장자리에 있는 높은 감나무로 올라간다.

전등불 하나 없는 질흙같이 어두운 밤인데도 마치 나무를 많이 타 보는 사람처럼 단숨에 높은 가지로 올라간다. 대낮에 올라가기도 어려운 곳까지 올라가더니 감나무 가지에 걸터앉는다. 손에 잡히는 감을 계속해서 따먹고 있다. 도무지 어떻게 저 높은 감나무를 올라가며 이 밤중에 감이 무슨 맛이 있어 저렇게 맛있게 먹는지 알 수가 없었다.

하나, 둘 계속해서 감을 따서 먹으면서 무어라고 주문을 계속하더니 감나무를 내려온다. 굿을 구경하는 마을사람들이 세상을 떠난 친구가 감이 먹고 싶어 무당에게 나타나 감을 따 먹는다고 한다. 감나무에서 마당으로 내려 온 무당은 그 가족에게 대나무를 잡게 한 뒤 계속해서 주문을 왼다.

그 혼이 가족들에게 하고 싶은 말이라고 계속해서 하게 한 뒤 늦은 밤에 굿은 끝났다. 운명을 달리한 친구의 혼을 달래기 위해 무당굿을 하여 원한이 풀렸는지는 알 수 없지만 무당의 한스러운 주문낭독과 그 행동에 안타까움이 더한 밤을 보내야 했다.

어둠이 깊어 가는 밤, 삼각산 기도를 하기 위해 걸음을 재촉하고 있는 나는 잠시 초등학교 시절 안타까운 지난날의 사연을 뒤로하고 오직 정상을 향해 올라가고 있다.

산 높이가 얼마인지 몰라 무작정 올라가는 길이라 지만 한시간반 이상을 올라 왔는데 아직도 많이 올라가야 한다고 한다.

이렇게 산을 오르는 목적은 오직 하나이다. 삼각산 정상에서 기도를 해서 내 육체를 치료받기 위해 올라가고 있는 이 길이 멀고 험한 길일 지라도 소망이 있으니 그리 힘들지는 않았다.

우리네 인생은 굴곡의 삶일진대 험한 길이 있으면 순탄한 길이 있을 것이고 올라가는 길에 어려움이 있으면 내려오는 길에 기쁨이 얻을 것이니 너무 이 시간을 상심하면서 올라갈 필요는 없을 것 같은 마음이 들었다.

오늘 밤, 만물의 주재이신 하나님을 향해 전심으로 간구드려 반드시 응답받으리라 굳게 믿고 가는 밤은 어둡고 길은 험하지만 더욱 소망이 생기고 있었다.

삼각산 정상으로 올라가는 길에서 만난 사람들은 아마 산 정상에서 기도를 하고 내려오는 사람들일 것인데 어느 누구 손전등 불만 볼 수 있지 얼굴은 볼 수 없는 사람들이었다. 지나면서 서로 격려를 하는 것이 있나 보다. 정상에서 내려오는 사람이 올라오는 우리에게 말을 던진다.

"응답받고 오세요."

감사합니다."

밤길의 산행을 내려오는 자와 올라가는 자가 서로 격려의 인사말을 통해 서로 교감하면서 은혜를 나누다 보니 믿음의 형제로서 우애를 나눌 수 있었다. 어서 빨리 삼각산에 정상에 올라가 하나님께 간구드려 응답을 받고 싶은 간절한 욕망과 주님이 주신 사랑을 반드시 확인하고 하산해야 되겠다다는 굳은 의지를 갖고 한발 한발 가니 삼각산 정상이다.

주께로 한걸음씩 곧 와서 아뢰라.
기쁘게 너의 몸을 주 앞에 드려라.
한 걸음씩 한 걸음씩 주께 나오라.
주님께 아뢰이며 너 복을 받으니라.(찬송가 323)

대낮에 등산을 하어 산 정상에 올랐어도 그 기쁨은 말로 표현할 수 없을 텐데 하나님을 향한 기도를 하기 위한 분명한 목적을 갖고 삼각산에 올랐으니 그 기쁨을 어떻게 말로 표현할 수 없었다. 맑고 높은 온 하늘에 수많은 별들이 우리를 반기며 서로 속삭이듯 반짝이고 어떤 별들은 너무 반가워 우리를 향해 떨어지고, 정상에서 바라보는 서울시내에는 붉은 색 네온의 십자가가 이 곳 저 곳에 하늘을 향해 수를 헤아릴 수 없을 만큼 서 있다.

대도시를 펼쳐지는 수많은 전등이며 광고 네온사인들이 함께 함께 어울려 장관을 이루고 있는 것을 보면 야간산행을 해 보지 않은 사

람은 그 느낌을 모를 것이다. 모두가 잠들어 있을 자정 이 시간에 삼
각산 정상에 우뚝 선채로 불어오는 싱그러운 산바람을 맞이하며, 산
행에 지쳐 따스한 볼을 스쳐 감싸않아 주는 주님의 바람이 지친 피
로를 말끔히 씻어 주고 있다.

　아! 서울이 넓고 넓구나.

　아! 찬란하고 찬란하구나.

　아! 이 높고 낮은 휘황찬란한 불빛이여!

　아! 하나님 창조하신 세상은 참 아름답구나!

　그대들이여! 나에게 소망의 힘을 실어 주오.

　잠시, 정상정복의 기쁨과 즐거움을 뒤로 하고 이젠 하나님을 향한
부르짖음을 위한 자리를 잡아야 한다. 시내 많은 교회 성도들이 이
미 정상에 올라와 부르짖고 있어 누구인지는 모르지만 이곳저곳에
서 기도하는 소리가 들린다. 할렐루야

**하물며 하나님께서 그 밤낮 부르짖는 택하신 자들의 원한을 풀어주지 아니하시
겠느냐. 저희에게 오래 참으시겠느냐(눅 18:7)**

　산새도 깊은 잠에 들어 있고 맑은 높은 하늘에 있는 별들도 숨을
죽이고 있는 고요한 이 시간에 하나님을 향해 간절함을 아뢰기 위한

기도의 자리를 잡기는 쉽지가 않았다. 아주 컴컴해 주변의 많은 것을 확인할 수는 없었다.

아주 위험한 암반 위에 올라 기도하는 사람,

소나무 앞에 앉아 소나무 뿌리라도 반드시 뽑아야 된다는 각오로 기도하는 사람,

방언으로 기도하는 사람,

참으로 많은 사람들이 부르짖고 있었다.

나 또한 분명한 목적을 가지고 왔기에 조그만 암반 위에 앉아 기도를 시작했다. 당시에 주님을 영접한지가 얼마 되지 않아 어떻게 기도를 해야 하고 말씀도 읽어 보지 않은 때라 무조건 나의 바람만을 하나님께 아뢰고 있었다.

내가 하나님 아들이라는 확신이 있었기에 하나님 아버지께 간구하였다.

이 아들의 깊은 소망을 이루어 주소서.

육체 질병에 대한 속히 치료해 주시기를 계속해서 기도했다. 헤아릴 수 없이 많이 속히 치료해 주시라고 울부짖었고, 때로는 나에게 왜 이러한 병이 와야 되는 지에 대한 회의와 원망을 하면서 기도하고 있었다.

귀하고 귀한 이 밤, 하나님이 정한 이 밤에 어떻게 내가 삼각산 정상에 까지 와서 하나님을 향해 기도하고 있다는 것이 작년 이 때는 감히 상상할 수 도 없던 일이 진행되고 있다.

그러나 이것이 현실이고 나의 앞에서 이루지고 있는 일이니 우리 인생 앞날을 누가 한치 앞을 바라 볼 수 있겠는가? 때로는 근심과 염려로 때로는 소망과 감사로 계속해서 교차되고 있다.

이것이 현실이고 인생인데 어떻게 하겠는가?

받아들일 수밖에 없지 않는가.

다시 한 번 마음을 다스리고 하나님께 부르짖는다. 언제 어디서나 청결한 마음을 주시고 내 안에 하나님 말씀으로 채워주시기를 기도한다.

아들이 삼각산 정상에서 무엇이든지 하실 수 있는 아버지를 바라보고 있나이다. 하나님이여 귀한 아들의 간절한 소원을 이루어주소서.

엘리야가 갈멜산에서 하나님께 부르짖을 때 응답하신 것처럼 아들의 절규를 하나님께서 응답하셨음을 믿었다. 자정이 조금지난시간에 기도를 시작했는데 자리에서 일어나 보니 새벽 4시가 조금 안 된 시간이다.

새벽의 먼동이 틀 무렵 시내를 내려다보니 수많은 불빛들이 안개에 속으로 자취를 서서히 감추고 있다. 아직도 많은 기암괴석위에 밤에 보이지 않았던 기도하는 많은 사람들이 앉아 하나님을 향한 절규를 계속하고 있었다.

우리는 오늘은 토요일이라 출근도 있고 해서 하산하기로 했다. 높으신 하나님이여 "큰 사랑을 깨닫고 돌아갑니다"라고 말씀드리고 하산한다.

마음에 영원한 평화를 주신 하나님의 크신 사랑을 가득 앉고 하산의 걸음을 재촉한다. 한 걸음, 한 걸음 내려오고 있는 데 어느 어느 산사에서 울려 퍼지는 종소리인지는 알 수 없으나 새벽을 깨우는 산사 종소리가 은은하게 귓전을 울린다.

나무랑, 숲이랑, 이슬을 머금은 풀잎들, 지저귀는 새들이 기지개를 펴리라.

내가 어렸을 적에 그때가 언제인지는 알 수 없지만 나는 스님이 되어 산사 머무르면 어떠할까 생각해 본 일이 있었다. 어릴 때 내가 바라보는 산사는 너무도 아름답고 정겨운 공간이었다. 시주 스님이 집에 올 때면 어머니는 우리 아들 잘 되게 해달라고 부탁하면서 쌀 한 톨이 없어 식사끼니를 잇지 못한 그 시절에도 시주를 쌀로 주시는 것을 많이 보았다.

또한 어려서 잘 알지는 못했지만 온갖 세파에 찌들지 않고 오직 불경에 있는 진리만은 쫓아가는 삶은 어떠할까를 생각해보기도 했던 시절이 있었다. 이젠 참 진리이신 하나님의 사랑을 알기에 더 이상 거론하지 않겠다. 이후에도 한번 다녀온 삼각산 기도 산행은 삶이 힘들고 어려워 질 때는 찾고 싶은 기도의 산행길이었다.

하나님은 사랑하는 아들이 구하고, 찾고, 두드리면 반드시 주실 것이요, 찾을 것이요, 열릴 것이라는 믿음에 확신이 있으니 그렇다.

12

예수로 하나 된 우리집

하루는 제 구시쯤 되어 환상 중에 밝히 보매 하나님의 사자가 들어와 가로되 '고넬료야' 하니 고넬료가 주목하여 보고 두려워 가로되 주여 무슨 일이니이까 천사가 가로되 네 기도와 구제가 하나님 앞에 상달하여 기억하신 바가 되었으니, 네가 지금 사람들을 욥바에 보내어 베드로라 하는 시몬을 청하라. (행 10:3-5)

작은 아이 동성이가 네 살 되던 해에, 우리를 부르는 예수의 소리를 찾아 헤매이고 사망과 고통의 그늘이 우리 앞을 둘리며 가리고 있을 때, 우리 가족은 하나 되어 주님의 품을 찾았다.

유치원을 다니던 어린아이의 몸이 통통하고 얼굴이 통통할 뿐만 아니라 무엇이든지 시키면 아주 똑똑하게 답변도 잘해서 아이의 예명을 똑돌이라 정했다.

동성이는 유치원에서도 친구들과 아주 잘 어울리고 시키는 율동도 잘하는 아이였다. 모태신앙은 아니지만 어려서부터 교회를 부모와 같이 다녔기 때문에 교회 각종 행사에도 참여하고 예배도 곧잘 참석하여 드렸다.

어린아이가 어찌나 맑고 또렷한 목소리로 찬송가 453장 "주는 나를 기르시는 목자"를 부를 때면 참석한 성도 모두가 박수로 환영하고 하곤 했다. 성장하면서 귀여움과 칭찬을 많이 받고 자란 아이였다.

큰 아이 준섭이는 애기 때부터 순하게 자라 안방에서 놀다 조용하면 구석에 혼자 놀다 벽에 기대어 잠들기도 하고, 때로는 부엌에서 일하는 엄마를 바라보다 문턱에서 부엌으로 떨어지기도 했다.

착하게 성장한 두 아이는 초등학교와 중·고등학교, 대학을 졸업하고 두 아이 모두 나라의 부름을 받아 큰 애는 공군 헌병병과를 작은 애는 공군 전산병과를 받아 만기 제대했다.

우리 가족 누구도 신앙에 대해 전혀 알지를 못했지만, 우리 부부의 결혼식 주례자로 벧엘교회의 목사님을 모시게 된 것이 하나님께서 우리 가족을 택한 백성으로서 첫 출발을 한 것이 아닌지도 모른다. 아마 하나님은 택한 자를 그대로 내버려두지 않고 때가 되어 다시 부르시고 이젠 오고 갈 데도 없이 주님품안으로 들어오게 한 것이 아닌가 생각한다. 주님의 품안으로 들어온 우리가족은 하나님과 사람 앞에 바로 살아야 하는 데 아빠인 나부터 온전히 살지 못했다. 사도행전 1장의 말씀처럼 하나님이 우리가족을 긍휼히 여기시고 구원해 주셨으니 부모부터 경건하게 살아야 하는 데 많이 부족했다.

가정에서 아빠가 먼저 하나님을 온전히 경외하는 모습을 자녀들 앞에 본을 보여야 자녀들이 하나님을 경외하는 것이 배워가는 것인데 항상 부족했다.

사도행전 10장 2절 "그가 경건하여 온 집안과 더불어 하나님을 경외하며 …" 고넬료 가정처럼 신앙적으로 바로 선 아빠와 엄마가 앞에서 끌어주고 뒤에서 두 자녀가 하나님을 잘 모시고 바로 설 수 있는데 그렇게 하지 못한 것도 있어 항상 부족한 삶을 살아왔다.

저희 영혼을 사망에서 건지시며 저희를 기근시에 살게 하시는 도다. 우리 영혼이 여호와를 바람이여 저는 우리의 도움과 방패시로다. (시 33:19-20)

녀희 성도들아 여호와를 경외하라 저를 경외하는 자에게는 부족함이 없도다. (시 34:9)

지난 2년 전 어느 날이었다. 사무실 일을 저녁 늦은 시간까지 하고 몹시 피곤한 몸으로 집으로 돌아 왔다. 막 잠자리를 들려고 하는 데 아내가 말한다. 요사이에 큰애와 작은애가 자신들이 해야 할 들은 잘하지 않으면서 엄마에게 반항적인 의견을 자꾸만 제시한다는 것이다. 요사이에 더욱 심해서 속이 상 하다는 것이다.

또한 여러 번에 걸쳐 아내로부터 같은 애기를 들은 터라 속이 상해 각자 방에서 자고 있는 자녀들을 바로 불러서 야단을 칠까도 생각해 보았지만, 별 효과가 없을 것 같아 그냥 잠자리에 들기로 했다. 다음 날 아침이 화요일이다. 아침 일어나는 두 아이를 불러 내 앞에 와서 앉도록 했다.

간단하게 말했다.

"이번 주 토요일에는 너희들의 시간을 아빠에게 할애하여 주기 바란다."

두 아이들 모두 무엇 때문에 그러는지 묻었다. 작은 애가 약속이 이미 농구경기가 잡혀 있어 바꾸기가 어렵다고 한다.

"그 약속은 네가 알아서 처리해. 아빠가 모처럼 너희들에게 부탁하는 것이니 그리 알아라. 이번 만은 양보할 수 없다."

완강하게 표현하는 아빠의 요구라서 그러한지 별 다른 의견 없이 서로 주어진 일을 했다. 하루가 지났다. 수요일 아침에 출근하려 하는 데 작은애가 먼저 말한다.

"아빠, 토요일 약속을 바꾸었어요."

"그래, 고맙다."

아내와 함께 상의해 이번에는 특이한 방법으로 두 자녀를 권면 하려는 계획을 세웠다. 성인으로 자란 자녀들이기에 어떻게 하면 마음에 상처가 되지 않도록 지혜롭게 할까 생각하다가 관악산 등반계획을 세우게 되었다. 하나님을 모시고 관악산 등반하고 정상에서 아니면 내려오는 길에 적당한 곳을 정해 가족이 소통하지 못한 것들을 서로 대화로 풀어 보기로 했다.

또한 진행 계획을 간단하게 수립하여 토요일에 공유하기로 하고 각자 마음에 쌓였던 생각들을 정리하도록 했다. 토요일에 진행 계획에 대해선 자녀들에게 일체 함구하고 단지 관악산을 등반한다는 것만을 알려주었다.

토요일이다. 산행을 위한 성경과 목마르면 먹을 수 있는 오이 몇 개와 조그만 물병 2개를 준비해서 간소한 등산복장으로 출발했다. 신림동을 거쳐 난곡 뒷길에서 관악산을 올라갈 수 있는 곳 노상에 자동차를 주차해 놓고 산 계곡의 비탈진 따라 올라간다.

오늘, 산행을 통해 가족의 건강상태가 어떠한지를 점검해 볼 수 있는 계기가 될 것이며 이에 이상 신호가 오면 보다 정밀한 건강 체크도 해 볼 것이다. 관악산 푸른 숲과 나는 산새와 시원하게 불어오는 바람을 벗 삼아 정상을 향해 한걸음 한걸음 발걸음 올라간다.

정상을 향해 올라가는 이 길이 단순한 산행길이 아니라 주 안에서 이 시대를 함께 살아가는 동역자(同役者)로서 가족 동반사(同伴史)를 한 줄, 한 줄 쓰고 있는 것이다. 지나 간 것들은 한 줄의 동반사를 기록한 것이고 남겨진 것들은 미래 소망의 동반사를 기록할 것이다.

겨울이 오면 멀지 않아 봄날이 오듯이, 과거 고난을 극복하고 새로운 희망을 갖는 것이 우리 인생이 갖는 매력이듯이, 산 정상을 올라가는 것이 잠시나마 힘들고 어려운 고난의 길처럼 보였지만, 참고 견디어 산 정상에 서서 탁 트인 사면을 보니 천지가 내 세상이다. 저 멀리 보이는 곳곳마나 아름다운 산과 봉우리들 주님이 아니면 누가 이 좋은 세상을 만들 수 있으랴. 참 슬기로운 그 솜씨 측량할 수 없도다.

산의 예찬

산 산 산
나무숲을 만들있네
조금씩, 조금씩 친절한 손님처럼
꺾지 말래요. 주님이

산 산 산
산 돌을 만들었네
하나씩, 하나씩 착한 손님처럼
가져가지 말래요. 주님이

산 산 산
산천을 만들었네
깨끗이, 깨끗이 청아한 손님처럼
씻지 말래요. 주님이

산 산 산
풀을 만들었네
한 포기, 한 포기 부지런한 손님처럼
풀을 뜯지 말래요. 주님이

산 산 산
산새를 만들었네
조용히, 조용히 순한 손님처럼
들어 보래요. 주님이

산 산 산
산로(山路)를 만들었네
천천히, 천천히 선한 손님처럼
걸어가래요. 주님이

잠시 정상 정복에 대한 감동을 뒤로 하고 산행계획에 따라 우리 가족이 함께 앉아 대화를 나눌 수 있는 곳을 찾아본다. 많은 사람들이 정상에 올라와 쉬고 있는 터라 함께 앉아 대화를 할 수 있는 장소는 많지 않은 것 같다. 우리는 쉬는 것이 아니라 『하나님 사랑 안에 "우리는 하나다" 기도워크숍』를 해야 하기 때문에 좋은 장소를 찾아 앉기로 한다.

사람들의 통행이 없고 따가운 햇살을 피할 수 있는 참나무그늘 아래 이면 더욱 좋겠다. 좋은 장소를 찾기 위해 이곳저곳을 찾다보니 하산(下山) 길에 들어섰다. 한걸음 한걸음 내려오다 보니 산중턱아래에 다다랐다. 내려오다 보니 계곡에 조그만 천(川)에 물이 쫄쫄 흐르고 있는 곳에 자리를 잡았다. 물도 있고 그늘도 있는 때 마침 좋은 장소인데 지나는 인걸마져 없어 아주 좋은 곳에 자리를 잡았다.

먼저 아내가 장성한 아들에게 오늘 함께 산행에 대한 고마움과 격려의 말을 했다. 오늘 갑자기 산행을 하게 된 배경과 취지를 설명하여 이해를 구했다. 물론 이미 아내와는 상의 한바 있기는 했지만 말이다.

현대사회는 각 가정마다 몇 명 안 되는 가족이 함께 살아가고 있지만, 농경사회와 산업사회에서 대가족이 함께 살아 갈 때 보다 더 많은 가정문제를 앉고 살아가는 것이 현실이다. 우리 가정도 예외일 수 없다. 네 명의 가족이 살고 있는 우리가정도 각자에게 매일 주어진 일 때문에 바빠 가족이 함께 만나 대화를 할 수 있는 날이 그리 많지 않아 조그만 갈등이 생겼다.

오늘의 산행은 이를 해소하고자 산행으로 대화하고, "기도로 주님께 도움을 요청하는 기회를 만들게 되었다"는 취지의 애기를 다시한번 더해 마음에 조금이라도 불편한 생각이 있으면 말을 해 달라고 했다. 이에 의견이 있으면 애기를 하고 아니면 다음을 진행할 예정이라고 했다. 먼저 작은 애가 말한다. 오늘의 진행방식에 대한 문제제기다.

갑작스런 통고형식의 일정잡기와 어떤 것을 어떻게 진행할지에 대한 내용을 전혀 모른 상태에서 추진하는 것은 문제가 있다는 것이

다. 큰 애는 동생도 그렇고 본인도 토요일 다른 약속을 해놓고 있었
는데 추진일정을 삼사일 전에 갑작스럽게 말씀하는 것은 부당하다
고 했다.

다음에는 조금 더 긴 일정을 두고 말씀을 해 주셨으면 좋겠다고 했
다. 좋은 의견으로 알겠다고 답변했다. 아내는 말한다. 처음 추진 해
보는 산행 후 기도워크숍으로 가족 일정을 모두 고려하여 진행하기
에 더 많은 시간이 필요할 것으로 생각되어, 부득이 이번에는 이렇
게 진행한 것이니 이해를 해주었으면 좋겠고, 다음부터는 우리 가족
모두가 함께 협의하여 일정을 잡도록 하겠다고 답을 해 주었다. 너
희들 의견이 모두 타당하니 다음부터 시정하겠다.

이제 기도워크숍을 시작한다

진행은 가장인 아빠가 한다. 진행순서는 먼저 사도신경으로 워크
숍을 열고 잠시 성경말씀을 전한 시간을 갖는다. 어어서 가족 주제
인 「우리 가족은 하나다」라는 주제 아래 각자가 의견을 제시하고 제
시된 안건을 건(件)별로 토론한다.

토론된 그 건을 합심하여 하나님께 기도한다. 모든 것이 종료되면
주기도문으로 마친다. **하나님 모시고 하는 워크숍**이니 먼저 사도신
경으로 시작하여 사도행전 10장 고넬료 가정에 대한 말씀을 잠시 전
했다.

이어서 우리 가족들이 생각하고 있는 무엇이든 의견을 내 주시되
순서는 엄마, 준섭, 동성, 아빠순서로 한다. 다만 원활한 진행을 위

해 하나님이 우리에게 주신 전반적인 생활을 되돌아보고 앞으로 어떻게 하면 본인과 우리가정이 사랑으로 하나 되어 발전적인 방향으로 나아갈 수 있을 지를 말하면 된다고 했다.

하나님 모시고 엄마 준섭 동성 아빠 순서대로 각자가 의견을 제시하여 토론하고 제시된 안건을 놓고 하나님께 기도하며 진행자가 제시된 내용을 간략하게 정리한 후, 주기도문으로 마쳤다.

토론이 끝난 안건을 놓고 하나님께 합심기도

자녀들아 너희 부모를 주 안에서 순종하라 이것이 옳으니라. 네 아버지와 어머니를 공경하라 이것이 약속 있는 첫 계명이니, 이는 네가 잘 되고 땅에서 장수하리라. 또 아비들아 너희 자녀를 노엽게 하지 말고 오직 주의 교양과 훈계로 양육하라. (엡 6:1-4)

사랑은 오래참고 사랑은 온유하며 투기하는 자가 되지 아니하며 사랑은 자랑하지 아니하며 교만하지 아니하며 무례히 행치 아니하며 자기의 유익을 구치 아니하며. (행 13:4-4)

오늘의 산행은 관악산 기상관측소와 삼성산 국기봉이 바라보이는 곳까지 정상을 정복해서 확 트인 곳에 있는 나무숲 사이에서 시원하게 불어오는 바람과 신선한 공기를 맞으면서 산행을 하고, 이어 사랑하는 가족이 함께 가졌던 작은 오해를 말끔히 해소할 수 있어, 너무 감사했다. 이러한 지혜를 주신 하나님께 한없이 감사했다.

우리는 누가 먼저 날 것도 없이 콧노래 찬송을 하며 나무들이 어우러진 소나무, 참나무, 떡갈나무 숲과 작은 기암괴석들을 바라보며 하산했다. 아침 관악산을 향해 가는 길이 고난의 길이었다면 돌아오는 길은 반석에서 샘물 나는 기쁨의 길 이었다.

산에서 내려오는 동안 준섭과 동성에게 한없이 고마웠다. 요사이 성인이 된 자녀들이 부모가 일방적으로 의견을 내서 듣는 자녀들이 얼마나 될 까 생각하니 더욱더 고마운 생각이 들었다. 이 모든 것이 주님의 은혜요 사랑이라 생각했다.

이른 아침에 출발하여 관악산 정상을 정복하고 내려오다 토론하고 기도하며 하산을 했기에 매우 시장기가 찾아왔다. 진행을 서두르기는 했지만 오후 2시가 조금 넘었다. 고마움을 어떻게 자녀들에게 표시하면 될까?

우선 점심식사를 좋은 곳에서 하고 적은 용돈이나마 주는 것이 좋을 것으로 생각했다. 오후를 자녀들이 아름답고 좋은 시간을 보낼 수 있도록 하기 위해서다. 식사는 어떤 메뉴가 좋을까 물었다.

우선 배도 고프고 그동안 고기를 먹지 못했으니 고기를 먹자는 것이다. 그래서 신 대방 삼거리 인근에 있는 비교적 좋은 고기집인 마포갈비로 갔다. 오늘은 모든 것이 너무 감사하고 보람된 날이다. 짧은 오전시간이었지만 가족이 함께 한다는 것이 얼마나 좋은 것인가를 생각해 볼 수 있는 귀한 시간들 이었다.

관악산에서 평생 처음 해보는 기도워크숍을 통해 하나님께 영광을 돌릴 수 있었고, 우리 가족이 마음을 열고 소통할 수 있었던 것 모든 것이 참으로 좋았다. 우리집 즐거운 동산에 하나님이 함께 하시고 사랑으로 가족이 하나 되었으니 이 보다 더 할 기쁨이 또 어디 있을까? 할렐루야.

풍성하고 즐거운 식사를 하면서 다시 한 번 가족이란 무엇인가를 되새겨 볼 수 있었다. 언제나 주안에서 묵묵히 내 의견을 따라준 아내에게 고마웠다.

또한 부족한 아빠를 이해해주고 착하게 자라준 준섭과 동성에게 오전 시간을 내주어 산행을 통해 갈등을 해소할 수 있었고, 주님 모시고 기도할 수 있는 데 대한 고마움으로 용돈 형식으로 이만 원씩을 주었다. 적은 돈이지만 아들들이 이를 통해 부모에 대한 정을 느끼며 살기 원해서다. 또한 우리가 하나님을 온전히 모시면 장래에 준섭이와 동성이에게도 더 크신 하나님의 사랑과 축복이 있을 것임을 알려주기 위해서 였다.

한없는 주님 사랑으로 가족이 하나 되어 믿음 반석위에 든든히 서

서 함께 살아가고 있는 아내 장복순집사 준섭 동성에게 참으로 감사
했다.

우리 가정을 즐거운 동산으로 만들어 주신 하나님의 크신 사랑을
다시한번 깊이깊이 감사하며 영광을 돌린다.

예수의 증인이 되자

너희가 나를 택한 것이 아니요 내가 너희를 택하여 세웠나니 이는 너희로 가서 열매를 맺게 하고 또 너희 열매가 항상 있게 하여 내 이름으로 아버지께 무엇을 구하든지 다 받게 하려 함이라. (요 15:16)

꿈속에 나의 영혼을 깨우는 소리인가 했더니 건너 집 누렁이가 멍, 멍, 멍 짖어댄다. 깊은 잠을 깨우는 저 소리 때문에 피곤한 하루가 되겠구나. 시름에 잠긴다. 아내는 아는지 모르는지 깊은 사랑 잠에 빠져있다. 늦은 밤 책과 씨름하던 큰 녀석과 작은 녀석은 개가 짖은 소리에도 곤한 잠을 자고 있다.

13

:

하나님 교회(教會)의 큰 울타리

저들만한 때는 나도 깊은 잠을 잘 수 있었다.

이제는 조금만 소리에도 잠을 이를 수 없다. 가버린 인생이야기 때문일까? 황금 같은 이 아까운 시간을 잠 못 이루고 뒤적이고 있다니! 에라 잠이나 청해보자 자리에 누어본다. 눈을 감고 아무리 뒤척여도 잠의 영혼을 나의 간절한 청혼에 귀를 기울이지 않는 다.

이리 뒤척, 저리 뒤척 고난의 시간은 자꾸만 간다. 흘러버린 시간들에 대한 말라버린 잉크물이 더 선명히 보일 뿐이다. 터벅터벅 이웃집 아저씩 수산시장 출근하는 장화소리다. 아-아 조금 있으면 신문배달 오겠구나. 두-두-두-두 오토바이 소리가 들린다. 툭하고 던진 새벽신문 소리에 그 만 잠이 들었다. 쪽잠에 들어갔나 싶더니 따르릉 따르릉 따르릉 계속 전화벨이 울린다. 새벽에 잠을 깨우는 노(老) 권사의 모닝콜 소리에 그만 벌떡 일어났다. 잠시 눈꺼풀을 붙이지도 않았는데 새벽잠을 깨우니 어떻게 하란 말인가?

권사님은 전화를 해댔다. 그리고 10분후이면 어김없이 대문 앞에 서서 우리 집 대문이 열리기를 기다리고 있다. 인정사정없다. 어제 내가 어떤 일을 했는지, 어젯밤 늦게 잦는 지, 피곤한 지, 아픈지, 전혀 아랑곳하지 않고 전화하고 기다리고 서있다.

나는 권사님의 성격을 알기에 무조건 새벽에 일어나 교회에 가려고 한다. 왜냐하면 오직 하나님의 사랑받아 병든 육체의 속히 치료받아 살아야 하기 때문이다. 내가 무엇을 고려하고 무엇을 생각하며 무슨 피곤이 어디 있으며 체면 따위가 왜 필요한 가? 그런 겨를이 없다.

나는 급하다 급해. 1989년 7월 26일(수) 새벽 4시이다. 권사님을 따라 며칠 새벽예배를 드렸다. 권사님은 새벽에 하나님께 예배드리러 가더라고 언제나 깨끗하고 단정한 옷차림으로 교회에 간다. 권사님 언제 일어나서 준비하시나요?

새벽 3시 30분부터 일어나 준비한다고 한다. 노(老)권사님을 따라 골목길을 가노라면 지난밤 버려진 담배꽁초 과자봉지와 같은 각종 쓰레기들이 쾌쾌한 냄새를 풍긴다. 무질서하게 주차해 놓은 골목길 차량들을 뒤로하고 교회에 들어선다.

찬양과 함께 어우러진 성도들의 기도소리가 우리를 반긴다. 권사님은 성전의 제일 앞 중앙 좌석을 택하여 앉아라고 권면해주었다. 앞좌석은 목사님과 마주하는 좌석으로 새벽예배를 참석한지 며칠 되지 않아 부담은 되었지만 아무것도 모른 사람이 용감한 것처럼 항상 일찍 가서 성전좌석 정 중앙에 앉았다.

인근 교회의 새벽예배는 200여 명이 참석하는 것 같은 데 모두들이 꼭두새벽에 예배를 드리러 오는 것을 보니, 나처럼 무엇인지 모르지만 급한 사람이 많은 가 보다. 새벽예배에서 목사님은 성경구절을 많이 말씀하시는데 도무지 성경을 찾기도 어렵고 도무지 무슨 말씀인지 알 수도 없고 계속해서 구절을 말씀하시니 어려움이 많았다

사실, 성경이 무슨 내용으로 되어있는지 알 수는 없었으나, 그저 좋은 책이며 세상에서 가장 많이 팔렸고 많이 읽혀진 책으로 알고

있었기에 언젠가는 읽어야할 책으로 마음에 새기고 있었다. 그래서 아직 읽어 보지 못했다. 권사님은 언제나 노트를 준비하라고 했는데 때로는 노트를 준비하지 못해 설교말씀을 듣는 시간에 어려움을 겪는 때도 있었다.

목사님은 계속해서 성경말씀 구문을 풀이해 주시기도 하지만 신약과 구약의 본문 말씀별로 몇장 몇 절을 불러 주시고 집에서 말씀공부를 하라고 했다.

당일에는, 요 6:16-18, 딤후 2:8-10, 사단의 종들의 심판 무엇으로 심판하는가? 요 16;16, 요 17:17, 해는 낮을 주관하는 광명한 것을 말하는 것으로 창 1:16, 빛의 의미 마 17:2 해에 섰다, 빛 가운데 섰다, 지옥은 어두운 것 천국은 광명한 것, 시 84:11, 마 13:4, 눅 3:5-8, 창 40:5, 잠 30:17, 겔 39:17-24, 욥 39:27-30, 신 4:1-2 등이다.

아직 말씀을 전혀 깨닫지 못한 초 신자가 새벽예배에 참석하여 성전 제일 정면 중앙앞자리에 앉아 말씀을 듣고 그 말씀을 메모하기 쉽지 않았다. 목사님은 오직 성경말씀을 수 없이 메모하도록 읽어가는 데 구절을 메모하기에 너무 바빠 성경구절이 몇 장 몇 절인지 내가 써 놓은 글자를 도무지 알아 볼 수 없을 때도 있었다.

깨닫기 전에, 받아 적기에 잠을 깨워 도무지 무슨 내용인지도 모른 내용을 들으면서, 성전 본당 강대상과 마주친 제일 앞자리 가운데 앉아서 있노라니 자리가 어색하고 부자연스러웠다. 때로는 말씀을 풀어서 하시면 좋은 것 같은데 계속해서 성경구절만을 불러주시니 졸리기만 할 때도 많았다.

그러나 나중에 깨달았지만 하나님은 이 귀한 아들이 말씀을 알고 모르고 그것이 중요하지 않다는 것을 알았다. 새벽에 졸아도 좋고 네가 지루해도 좋다. 잠자도 좋다. 참석한 그 자체를 예뻐하신 것 같다. 주님을 찾고 있는 이 아들의 상한 심령을 보시고 계셨으며, 소망의 하나님을 찾고 있는 갈급한 아들의 중심을 보신 것이다.

매일 새벽마다 전화벨을 울려 깨워주시는 권사님의 인도함에 나는 새벽예배를 계속할 수 있었고, 오늘에 하나님의 향한 귀한 아들이 되었다. 언젠가 아직 교회에 등록을 하지 않았는데도 인근 교회에서 구역예배를 드리자고 우리 집을 방문하였다. 우리 집이 있는 구역을 담당하고 있는 이정호 목사님이시다.

구역 예배를 드린 후에, 갑자기 어린아이와 같은 질문을 드렸다.

"목사님? 지난 주 주일예배 드릴 때 담임목사님이 하나님은 사랑이시라고 하신 말씀을 들었습니다. 그런데 어제 새벽예배 시, 담임목사님이 시무하는 목사들이 새벽예배를 늦게 일어나고 소홀히 하신다고 아주 강하게 질책하신 말씀을 들었습니다. 목사들이 한 번 잘못 했는데도 그렇게 강하게 질책하신 것이 맞는 것일까요?

하나님이 모두를 사랑하시라고 하시면 말씀을 증거 하는 다른 목사님도 조금 잘 못해도 사랑으로 감싸야 되는 것이 아닐까요?"

지금 생각하니, 참으로 순수하고 어린아이 같은 질문이었다.

당시에 이정호 목사님께서 답변하시기를, "목사님들이 보다 열심히 하라"는 뜻으로 이해하면 될 것 같다는 설명을 해 주었다. 참으로 감사했다. 하루, 하루가 세월이 가면서 믿음도 생기고 말씀도 깨닫게 되었고 찬송도 배웠다. 이제는 아주 작고 부족하고 나약한 믿음을 가졌지만 주님을 경외하고 사랑하는 귀한 성도가 되었다.

주님을 새해 아침 가족산행

생명샘이 흘러나와 모든 성도 마시니

언제든지 솟아나와 부족함이 없도다

이런 물이 흘러가니 목마를 자 누구랴

주의 은혜 풍족하여 넘치고도 넘친다.

(찬송가 245)

14

에덴교회
(사당동)를
찾아가다

예수는 싫었는데, 참으로 싫었는데 왜 목
사를 결혼식 주례자로 모시게 되었을까?
갑자기 결혼 일정이 잡히고 주례를 정해야
하는 데 누가 하면 좋을까?

부모님에 의한 맞선을 보고 그 분들께 복종하기 위한 결혼식 일정을 잡고 나니 모든 것이 일사천리 진행되었다.

결혼에 대해 아무런 준비와 생각도 없이 추진하다 보니, 주례도 어떤 분을 모실까 생각해 본 일이 없었다. 맞선을 아내와 본 지 한 달 정도의 기간을 두고 결혼준비를 하다 보니 모든 것이 급했다. 준비할 것은 많지만 살아가면서 하기로 했다.

결혼식 주례를 섭외해야 하는데 주례를 누구로 할까? 직장에 장을 아니면 대학에 교수를 또 다른 기업의 사장 중 누구를 주례로 모실까? 참으로 많은 고민을 했다. 당시 전혀 고려하지 도 않고 가장 싫어하는 예수님 사랑으로 세우신 교회 목사님을 결혼식 주례로 모시게 되었다. 내 인생이지만 내 뜻대로 되는 것이 아니었다.

여호와여 광대하심과 권능과 영광과 이김과 위엄이 다 주께 속하였사오니 천지에 있는 것이 다 주의 것이로소이다. 여호와여 주권도 주께 속하였사오니 주는 높으사 만유의 머리이심이니이다. (대상 29:11)

인생의 주관자 여호와이심을 무지해서 알지 못 했다. 결혼식 주례를 해 주셨으니 교회를 나가는 것이 옳을 것이나, 진리의 하나님을 알지 못했다. 그저 세상 재미에 취해 놀아나고 있었다. 그로부터 칠년의 세월이 흘렀다.

하나님이여 의지할 곳 없어 손들고 왔사오니, 박대하지 마시고 받아 주시기를 원했다. 빛으로 오신 하나님을 영접한 지 얼마 되지 않아 이런 저런것 따지지 않고 성경에 있는 그대로 믿고 싶었다.

　모든 교회는 오직 한 분 하나님 모시고 예배드리고 있사오니 집에서 가까운 교회와 직장에서 교통이 편리하여 기도드리기 좋은 교회를 정하면 좋을 것으로 생각했다. 빨리 교회를 정해서 곤한 내 영혼 편히 쉴 곳과 풍랑 일어도 안전한 포구를 찾아야 하는 갈급함이 있었다. 처음에는 교회를 내가 정해야 하는지, 주님이 정해 주신 교회로 가야되는 지 도무지 알지 못했다.

　주님을 향한 갈급한 열정이 있어 귀한 사랑을 받고 싶었다. 1989년 7월에 이 교회, 저 교회를 찾아 헤매이던 중에 동대문운동장 사무실에서 지하철 4호선을 타고 바로 갈 수 있는 에덴교회에 출석하기로 했다. 지하실에 성전이 있는 작은 개척교회이었지만, 30명 이상이 모인 아름다운 교회였다. 거기서 최화춘(순종) 담임목사님을 만났다. 언제나 환한 얼굴로 성도들을 맞이해 주시는 목사님과 사모님의 귀한 사랑을 항상 느낄 수 있었다.

　목사님은 교회를 위해, 성도들을 위해서 밤낮으로 부르짖는 기도는 하나님께서 항상 기뻐하시고 응답하셨을 것이다. 잦은 산상기도와 철야기도를 통해 주님이 주시는 형제의 사랑을 느낄 수 있었으며, 기도를 많이 하시는 분이시기에 언제나 걸걸한 목소리로 우리 성도들을 대해 주셨다.

내가 혹시라도, 어려움을 말씀드리면 "염려하지 마십시오." 라고 하셨다. 그리고 나의 어려움을 가지고 기도해 주셨다. 언제나 용기와 희망을 주시는 분이시다. 하나님께서는 이 아들을 가장 적정한 때에 주님의 품으로 불러주신 사랑에 다시 한 번 감사드린다.

동대문운동장은 업무량이 많지 않은 체육시설이라, 체력단련도 하면서 근무할 수 있고, 기도할 수 있는 공간이 너무 많아 참으로 좋았다. 주님께서는 예비해 놓으신 가장 적정한 그 때를 통하여 부르시고 예비하신 은혜를 내려주시는가 보다.

사당동에 위치한 교회와 동대문에 있는 사무실과 대방동의 집을 오가면서 열정적으로 주님을 찾고 찾았다. 1989년 9월 24일 등록하고, 1989년 10월 22일 이 땅에 태어나서 처음으로 교회를 핍박하는 자에서 교회의 충성자로 임명장을 받았다.

임명장의 내용은 이러했다.

"위 사람은 본 교회를 위하여 제1교구 제5구역장직을 임명합니다." 그리고 임직서약서에 쓰기를, "저는 교회의 머리가 되신 예수 그리스도의 부르심을 힘입어 하나님과 교회 앞에 맡겨진 직무에 충성할 것을 서약합니다. 서약일 일천구백 팔십구년 시월이십이일"로 서명하였다. 비로소 교회 직분자로 하나님의 생명책에 기록되었음을 믿는다.

그런데 그때까지도 십일조를 드림에 대한 확신을 가질 수가 없었다.

너희의 온전한 십일조를 창고에 들여 나의 집에 양식이 있게 하고 그것으로 나를 시험하여 내가 하늘 문을 열고 너희에게 복을 쌓을 곳이 없도록 붓지 아니하나 보라. (말 3:10)

매월 지급된 보수는 가정에서 월간 사용계획을 마련하여 사용하고 있는 데 수령하는 월정액에서 10%를 교회에 드릴 수 있을까, 그렇게 쉬운 일은 아닐듯 싶었다. 또한 하나님의 사랑은 꼭 받고 싶은데 성경말씀의 정확한 이해를 할 수 없었다.

성경에서 말씀하는 온전한 십일조가 무엇일까?

십일조를 드러 이떻게 하나님을 시험을 할까?

교회에 헌금으로 드리면 진실로 물질의 복이 쌓을 곳이 없도록 부어주실까?

수많은 교회가 있고 교회에 가는 성도들이 1천만명이 된 다는 데, 물질적으로 어려움을 겪고 있는 사람들은 모두 십일조를 하지 않아서 그러한 모습으로 살까? 길거리에서 예수를 믿으라고 외치는 사람의 남루한 모습이며, 주변을 보면 교회를 다니면서 나날이 고통으로 살아가는 이웃들을 보면서 참으로 헤아릴 수 없이 궁금한 사항들이 많았다.

그러나 성경에 말씀이 있으니 궁금한 것은 나중에 알기로 하고 1989년 9월 24일 등록하고, 이 땅에 태어나서 처음으로 하나님께 십일조를 올렸다.

이것, 저것 따지지 말고 우직하게 무조건 한다. 하라하면 하고, 하지 말라 하면 안 한다.

십일조는 하나님께 구원의 은혜와 일상에서 베푸시는 은혜에 대한 감사로 당연히 십일조 생활을 해야 하는 것이 당연한 일이지만, 주님의 귀한 본분을 확실히 깨닫지 못하면 행하지 못할 것이다.

이 세상에 살아가는 데는 반드시 돈이 있어야 하고, 없으면 살아갈 수 없기 때문이다. 또한 인간적으로 생각하면 십일조 금액이 얼마이든 은행적금으로 생각하면 당장은 손해인 것처럼 보일 수도 있다. 세상 사람들은 돈이 모든 것을 할 수 있다고 믿고 있기 때문에 십일조는 큰 믿음이 아니면 어려울 것으로 생각한다.

나 또한, 지금까지 나의 인생은 세상에 취해 살아가는 인생이었기에 하나님께서 육체건강을 통한 인생의 전환점을 만들지 않으셨다면, 십일조 생활은 불가능했을 것이다. 생사의 귀로에서 하나님의 귀한 사랑을 깨닫게 하여, 만세전에 택한 자로 이 땅에 보내주셨으며, 나 같은 죄인을 살리신 것에 감사하고, 허물 많고 죄악 많은 세상에 살면서 많이 부족하지만 매월 필요한 물질을 주시고, 앞으로도 풍성한 물질로 주실 것을 믿고 감사하여, 하나님께서 주신 물질 중에 10%를 올리고 있다.

또한 나의 복(福)이 하나님에 의한 것임을 깊이 깨닫도록 하기 위해, 하나님아버지의 아들인 나를 하나님의 아들답게 살도록 하기 위해, 내가 가진 모든 것을 하나님의 소유임을 알고, 하나님의 뜻대로 사용하게 하려는 하나님의 계획이 있음을 깨달았다.

추수감사예배후 목사님, 집사님들과 함께

동작중앙교회

15

동작중앙
교회로

할렐루야 그의 성소에서 하나님을 찬양하며 그의 권능의 궁창에서 그를 찬양할지어다. 그의 능하신 행동을 찬양하며 그의 지극히 위대하심을 따라 찬양할지어다. 나팔 소리로 찬양하며 비파와 수금으로 찬양할지어다. 소고 치며 춤추어 찬양하며 현악과 퉁소로 찬양할지어다. 큰 소리 나는 제금으로 찬양하며 높은 소리 나는 제금으로 찬양할지어다. 호흡이 있는 자마다 여호와를 찬양할지어다 할렐루야. (시 150:1-6)

참으로 이상하다. 대낮에 무슨 소리일까, 음악을 가르치는 곳인가? 아니면 교회에서 들리는 찬송소리인가? 무슨 음악소리인지 알 수가 없었다.

분명히 건물에서 음악소리는 들리는 데 무엇을 하는 곳인지 알 수 없었다. 그때, 신고해야 되는 것이 아닌가 라고 하는 생각이 들었다.

그러나 무슨 음악소리인지는 모르지만 자꾸만 음악소리가 나의 귀를 기울이게 한다. 노량진전화국 골목길 건물에 계속해서 들려오는 묵직한 남성의 음성이 들려왔다. 때로 건물 앞을 지나면 건물이 흔들릴 때도 있었다. 어느 누가 대낮에 노래를 부르고 있을까? 동작중앙교회에서 밤낮으로 하나님을 찬양하고 기도하는 소리를 죄짐에 눌린 사람으로 있을 때는 듣지 못했다. 죄에서 구원할 자를 만나지 못해 죄 권세아래에 해방되지 못했을 때 일이다.

예수님 구원의 은총을 받지 못해 죄의 길을 걸고 있을 때, 하나님께서 동작중앙교회 옆을 지나게 하시며, 교회에 관심과 잔잔한 사랑을 느끼게 하시고 계셨나 보다.

사무실로 출근하는 길목에 있는 교회에서 들려오는 소리가 계속해서 나의 귓가를 맴돌고 있었다. 그 소리는 어쩌면 나를 부르고 있는 것 같기도 했다. 새벽에 출근하면 들려오는 찬양과 기도 소리와 어떤 때는 대낮에도 찬양과 기도소리가 들릴 때도 있었다.

우리 집의 인근에 큰 교회가 있었기에 동작중앙교회 성도들의 모습은 볼 수 없었다. 그러나 항상 찬양과 기도를 통해 하나님이 귀를 그 곳으로 열도록 인도하셨음을 믿게 되었다. 이 세상 모든 일들이 주님 주권 아래 있는바, 자꾸만 아들의 관심을 갖도록 인도하신 것도 주님계획 아래 있었다. 아직 새싹 믿음을 가진 연약한 자가 사당동 에덴교회를 참석하고 있었을 때였다. 그때, 에덴교회가 과천으로 확장 이전 계획을 세우고 있어 거리가 너무 멀어질 것 같아 마음에 많은 염려를 하고 있었다.

집 근처에도 많은 교회가 있고, 등록을 권유해왔는데 새싹 믿음을 가진 자가 판단하기에는 매우 어려운 일이었다. 교회에 다니는 주변의 많은 사람들의 의견을 들으면 모두들 본인의 교회로 오라고 하고 많은 혼란을 겪고 있을 때였다. 하루라도 빨리 본 교회를 정해 예배드리는 공백을 없이 해야 되는데 어떻게 해야 될까?

우리 집 인근에 있는 고물상 옆 빈 공터에 폐가와 낡은 중장비를 바라보게 되었다. 이 비싼 서울 땅에 누가 이리 버려두는가?

「낡고 늙은 문짝이
세찬바람을 붙들고 있다
눈·비·바람 소스라치는 데!
인걸은 간데없고 중(重)한
장비만 덩그러이
빈터를 지키고 있구나!
주인장은 간 데 없고
너만 홀로 서 있는 감!!
너를 찾는 주인장은
언제 오려나
이 빈터에」

동작중앙교회가 상도동으로 이전하기 전에, 대방성전(대방동23-166번지)을 지날 때 일이다. 군데군데 구멍이 뚫린 낡은 블록 벽돌로 쌓아올린 건물에 부서진 콘크리트 스레이트 지붕이며, 비틀어진 문짝이 달린 폐가가 있다. 폐가 옆에 있는 덩그렇게 서 있는 중장비와 주변에 더럽혀진 쓰레기들 연탄재 각종폐기물이 가득이 쌓여있다.

서울의 도심, 이 비싼 땅에 방치된 폐가를 버려두었으며, 그 옆을 지키는 중장비는 누가 버려두었는지, 몇 년이 지나도록 방치된 채 그대로 있다. 노숙을 하는 알 수 없는 사람들이 드나들고 버려진 짐승들 고양이와 개들의 쉼터가 되었다. 하루하루 버려진 연탄재로 채워지고 가꾸지 않은 잡초만 무성히 자라고 있다. 바로 옆에 고철을 수집하는 모집상이 있는 데도 방치해 놓은 흉물스런 노란색 불도저는 군데군데 붉은 색 녹이 슬어 가고 있었다.

90년 긴긴 여름 따가운 뙤약볕과 비가 그렇게 내리더니 어느새 초가을이 와버렸다. 어느 날 아침 쌀쌀한 초가을바람이 불어와 지난밤 창문을 꼭 닫고 깊은 잠을 자고 출근하던 길이였다. 이제는 제법 아침저녁으로 시원한 바람이 불어와 삶에 대한 생동감을 찾고 싶을 때 고물상 옆을 지나고 있었다. 항상 각종 쓰레기가 쌓여있고 방치되어 있는 짐승들이 있어 우범지역처럼 되어보였던 폐가가 깨끗이 정리되고 중장비가 어디론지 사라졌다. 수년 동안 방치되어 있는 곳이 깨끗이 정리되었다.

폐가를 깨끗이 철거하고 붉게 녹이 슬은 중장비를 치웠다. 내가 살고 있는 주변이 아름다운 모습으로 바뀌고 있는 것 같아 좋았다. 캄캄한 밤길을 걸어 올 때 불 커진 폐가에서 무엇이 나올 것만 같아 마음에 걸렸다. 이젠 말끔히 정리되었으니 다행이다. 나와 상관없는 일이라 해도 사는 곳이 깨끗해 졌으니 잘 된 일이라고 생각했다.

폐가가 정리되고 며칠이 되도록 별다른 움직임은 없었다. 그런데 하루 이틀이 지나고 일주일이 지나고 나니 알 수 없는 사람들의 움직임이 보인다. 어두움이 짙게 두를 때 집에 돌아오면 몇 몇 사람들이 모여서 무엇인가를 하고 있다. 많지 않는 시멘트와 모래가 쌓여 있다.

어느 토요일 날 아침, 출근하는 길에 보니 전문 기술자들이 아닌 사람들이 모여 지반을 다지고 있다. 하루하루 날자가 가면서 기초지반은 다져지고 있다. 사실 나는 알 수 없는 일들이었지만 교회신축 공사 현장을 지날 때마다 주님은 계속해 관심을 갖도록 했다. 전문 기술자가 공사를 하지 않아 조금은 부족했지만 기초가 이루어지고 벽돌을 쌓기 전에 목재가 들어왔다. 이곳에 무엇을 짓고 있는 지 몹시 궁금했다.

어느 날, 교회신축 공사현장 앞을 지날 때 몇몇 동네 사람들을 만날 수 있었다.

여기에 무엇을 짓고 있나요?

글쎄요(지나는 사람들 日)

별 관심 없는 듯 모두들 잘 모른다.

인접에 살고 있는 사람도 길을 걸어가는 사람도 알지 못한다.

별로 아는 사람이 없다.(★당시 하나님사랑을 받는 교회는 어느 곳에서나 환영을 받는 줄 알았다)

하루, 하루 가면서 콘크리트 거푸집과 벽돌이 쌓여져 구조물이 세워지고 있다. 공사 현장은 전문공사 인부들로 가득히 채워지는 데 이 현장에는 별로 많은 사람이 보이지 않고 너무 조용히 건축되고 있어 다른 현장과 좀 다른 모습으로 공사가 진행되고 있었다.

이제, 건물의 본 모습이 서서히 자리가 잡아 갈 즈음에도 전문가가 아닌 사람들 여성도 보이고 남성들이 돕고 있다.

어느 토요일 아침에 출근하는 길에 누군가 일을 하고 있었다.

"여기에 무엇이 들어와요?"

"교회가 들어와요."

"교회요, 어느 교회가 들어와요?"

"전화국 옆에 있는 교회가 들어온대요."

"전화국 옆에 무슨 교회가 있지요?"

"전화국 옆에 조그만 교회가 있어요."

누구인지 알지는 못하지만 반갑게 대답해 주었다.

그때, 사당동의 에덴교회가 과천으로 이전을 해서 나는 집 근처에 있는 다른 곳으로 교회를 옮기기 위해 교회를 찾고 있을 때였다. 또 다시 물었다

"어느 교회이죠?"

"전화국 옆에 있는 동작중앙교회요."

"전화국 옆에 무슨 교회가 어디 있어요?"

퇴근길에 지나면서 또 물어보고 며칠이 지났다.

갈급한 심령으로 매일매일 기도생활을 하고 있었기에 하루라도 빨리 교회를 정해야 되는 데 마땅한 곳을 찾지 못하고 있었다. 이번에 정하면 오래도록 하나님 아버지 모시고 예배드리고 사랑도 받아야 되기에 신중에 신중을 기해야 했다. 주변에 오래된 영진교회도 몇 번 예배도 참석했고, 다른 교회도 새벽에 참석해서 예배를 드렸는데 어쩐지 마음이 가질 않았다. 하나님이 정해놓고 보내실 곳이 따로 있는지 알 수가 없었다.

공사현장을 지날 때 마다 교회의 모습이 차츰 갖추어지고, 더 많은 사람들이 오고 간다. 하루, 하루의 시간이 가고 가니 마음도 서서히 간다. 어느 토요일날 오후이다. 집에서 있는 데 내일은 예배를 드리러 가야 되는 데 어느 교회로 갈까, 아니면 집에서 아는 전도사님과

함께 예배를 드릴까 고민하고 있었다. 별로 할 일도 없고 해서, 교회 공사현장으로 갔다. 몇몇 성도들이 나와서 공사 일을 돕고 있었다. 나도 함께 현장에서 일을 하면서 작은 대화를 나눴다. 참으로 알 수 없는 힘에 의해 자꾸만 그곳으로 움직이고 있다. 전혀 생각지도 않는 곳에 하나님이 예비해 놓은 교회가 있었다.

전화국 옆 건물에서 출·퇴근 시간마다 이상하게 들려오던 목사님과 성도들의 노래 소리가 우리가 함께한 찬송소리가 될 줄이야 어찌 알 수 있었겠는가? 동작중앙교회는 밤낮을 무릎으로 말하고 무릎으로 일하는 기도의 삶을 살도록 이끌어 주었던 여러 믿음의 형제들이 있었다.

기도와 찬송의 사람들이 모인 성도들이 있었다. 실로 그들은 기도의 챔피언이었다. 하루 하루를 기도로 숨쉬며 찬양으로 살고 있었다. 기도를 호흡처럼 간주하며 살고 있었다. 85년에, 개척교회로 시작하여 밤낮으로 찬송하며 기도하는 동작중앙교회에 우리가족이 함께 하게 될 줄이야! 하나님이 예비해 놓으시고 한 걸음씩 한 걸음씩 인도하실 줄이야? 하나님 사랑받기 위해 이 땅에 태어난 사람으로 목사님 뒤를 따라 한 걸음, 한 걸음 나아가고 있다. 할렐루야

주는 나를 기르시는 목자요 나는 주님의 귀한 어린양
푸른 풀밭 맑은 시냇물가로 나를 늘 인도하여 주신다

주는 나의 좋은 목자 나는 그의 어린양
철을 따라 꼴을 먹여 주시니 내게 부족함 전혀 없어라.

(찬송가 453장)

당시만 해도 우리 가족은 높고 푸른 하늘만 보고 자란 연약한 새싹
믿음의 상태였다. 목마른 사슴이 시냇물을 찾아 헤매 이듯이 가족
영혼 주님을 간절히 알기 원하는 심정으로 우리 가족의 심령을 채울
수 있는 곳으로 인도해 주셨다. 믿음으로 하나 된 교회생활이 계속
되면서 말씀으로 무장하고 성령님이 인도하신 대로 순종하고 있다.

무엇이든지 구하라 주실 것이요, 두드리라 열릴 것이요, 찾으라 찾
을 것이요, 믿고 구하는 것은 그대로 이루어진다는 확신을 가지고
있다. 구원받은 백성으로 살아가는 삶은 믿음으로 하나 되어 주님이
선물로 주신 어린 두 자녀(당시: 9세, 6세)를 믿음의 반석위에 굳건
히 서서 성장하고 있다.

너희가 다 믿음으로 말미암아 그리스도 예수안에서 하나님의 아들이 되었으니
누구든지 그리스도와 합하여 세례를 받은 자는 그리스도로 옷 입었느니라. 너희
는 유대인이나 헬라인이나 종이나 자주자나 남자나 여자 없이 다 그리스도 예수
안에서 하나이니라. 너희가 그리스도께 속한 자면 곧 아브라함의 자손이요 약속
대로 유업을 이을 자니라. (갈 3:26-29)

예수를 믿는 믿음이외에 무엇이 있으리까? 유일하신 예수만이 우

리 삶의 주인이시오니, 하나님의 신실하신 약속 말씀에 의해 모인 우리 교회 성도들은 하나님의 백성으로 구원받은 형제이다. 우리 교회는 85년 교회가 설립되어 하나님의 은혜를 입은 성도들이 모인 공동체로서 각자가 부여된 자리에서 헌신하고 봉사하고 있다.

충남 예산이 고향인 안경선 목사님은 하나님의 부르심을 받고 노량진동에 교회를 개척한 후 대방동으로 교회를 신축하여 이전하였다. 앉아서 기다리기보다 직접 다가가는 적극적인 목회와 전도로 더 많은 사람을 하나님의 자녀로 만드는 데 앞장서고 계시다. 또한 일년 내내 성경 말씀을 하나하나 이해하기 쉽게 풀어 각종 유인물로 정리하여 성도들에게 공급한다. 이를 통해 말씀을 깨닫게 함으로서 온전하고 합당하며 말씀에 서는 교회성도로 서게 하신다.

이제 상도동으로 성전을 이전한 우리 교회는 온전한 하나님의 공동체를 이루고자 무릎으로 말하고 무릎으로 일하는 교회이다. 주님을 모시고 축복받은 교회, 선교하는 교회, 구제하는 교회, 장학하는 교회, 기도하는 교회, 전도하는 교회, 성장하는 교회로 나아가고 있다. 이를 통해 더욱 더 큰 믿음의 공동체를 만들 수 있다고 확신한다.

또한 주변에 있는 많은 갈급한 영혼들에게 은혜와 축복을 전할 수 있기를 기도한다. 주님이 명하신 말씀의 실천을 통해 성도들 가슴에 용기와 희망을 불어넣어 복음에 청지기로서 역할을 다할 것이다.

언덕위에 높은 집이 아름다워라 그대 이름은 동작중앙교회
하나님 은혜로 세워지고 예수님 말씀으로 하나 된 동작중앙교회
예수님 보혈의 피를 화목제 삼아 세우신 동작중앙교회
여호와여 성전에서 주께 부르짖었더니 응답하신 동작중앙교회

오라

상도골 **생명 샘에 말씀샘물 솟아나니**
목 마른 자 누구나 어서 오라
구원의 샘과 은혜 샘이 이곳에서 솟아나니
죄 있는 자도 어서 오라 갈급한 자도 어서 오라
생명 샘과 등불 샘이 이곳에서 솟아나니
병든 자도 어서 오라 캄캄한 자도 어서 오라
풍성 샘과 형통 샘이 이곳에서 솟아나니
빈궁한 자도 어서 오라 막힌 자도 어서 오라
위로의 샘과 소망에 샘이 이곳에서 솟아나니
슬픔이 있는 자도 어서 오라 절망한 자도 어서 오라
피하지 말고 놀라지 말고 어서 오라
사랑에 주님음성이 네 귀에 속삭이는
동작중앙교회로 오라 · 오라 · 오라

동작중앙교회 대방동 예배당

4

예수만 섬기는 우리집

16

가정이 주님의 낙원이라

가이사랴에 고넬료라 하는 사람이 있으니 이달리야대라 하는 군대의 백부장이라 그가 경건하여 온 집으로 더불어 하나님을 경외하며 백성을 많이 구제하고 하나님께 기도하더니, 하루는 제구시쯤 되어 환상중에 밝히 보매 하하나님의 사자자 들어와 가로되 고넬로야 하니 고넬료가 주목하여 보고 두려워 가로되 주여 무슨 일이니이까 천사가 가로되 네 기도와 구제가 하나님 앞에 상달하여 기억하신 바가 되었으니. (행 10:1-4)

예수로 나의 구주 삼고, 성령과 보혈의 피로 거듭난 우리 가정이 악하고 죄악 많은 이 세상에 빛과 소금되게 하소서.

유혹의 욕심을 따라 썩어져 가는 구습을 좇는 옛사람을 벗어 버리고 오직 오직 심령으로 새롭게 되어 하나님의 진리를 따라 거룩하게 하소서. 우리 가정은 하나님의 자녀가 되었으니 이제 자녀답게 육신이 정욕 안목의 정욕 이생의 자랑을 좇지 않게 하소서.

추한 말과 덕을 세우지 않게 하시고 탐욕과 도둑질 우상숭배를 하지 않게 하시어 모든 일에 선한 삶을 살게 하소서.

고넬료의 가정처럼 경건하여 온 집으로 더불어 하나님을 경외하게 하시고, 주 여호와를 앙망하는 가정되게 하소서.

하나님이 우리가정에 주신 "축복은 소유(having)가 아니라, 존재(being)에 있다는 진리"를 잊지 않게 하소서.

우리 가정이 곤란 중에 하나님께 부르짖을 때 긍휼히 여기사 우리의 기도를 들으소서.

여호와께 피함이 사람을 신뢰함보다 나음을 알게 하시고, 여호와 피함이 방백들보다 나음을 알게 하소서.

여호와의 선하심과 인자하심이 영원함을 깨닫게 하시어, 세세무궁토록 영광을 돌리게 하소서.

예수님의 이름으로 기도드립니다. 아멘

- 자녀를 교양과 훈계로 양육하라

· 수능 50일을 남기고

오늘도 따스한 햇볕을 온 세상에 비치어 밝게 하시고, 인류로 하여금 인생의 삶이 있게 하신 하나님의 사랑을 듬뿍 받고 있는 준섭에게 감사와 사랑을 보낸다. 우리 준섭이는 능력있는 자녀로 겨레의 아들로 자라가고 있는 네가 조국과 민족을 위하여 무엇인가 큰일을 할 것이라고 믿는다.

이제 생각해보니 수능시험 50일 밖에 남지 않았다. 촌음을 아끼면서 하루하루를 책과 씨름하는 너를 보니 아빠와 엄마는 고맙게 생각하고 있단다. 우리가 기도하는 대로 하나님께서 반드시 이루어 주실 것을 믿고 있다.

아빠와 엄마는 너에게 도움이 되는 일이 무엇인지 생각하고 더 잘해 줄려고 노력하고 있다. 너는 어떻게 생각한지 모르겠구나. 모든 것을 이해하고 최선을 다하는 네 모습이 자랑스럽다.

그리고 네가 자주 교회에 가서 하나님께 기도하는 너의 모습을 본 성도님들이 아빠와 엄마에게 말씀하시는 성도님들이 많이 있단다.

준섭이는 성공할 것이라고 또한 준섭이와 동성이는 형제간에 착하고 아름답게 자라고 있다고 너희들의 모습이 너무 좋다고 말이다.

그러할수록 준섭이와 동성이가 항상 웃 어른을 잘 공경하고 이웃에게 봉사하며, 특히 하나님 안에서 모든 일을 충실히 하는 아들, 매사에 능력 있는 아들로 기억될 수 있도록 최선을 다해 주길 바란다.

지금 준섭이는 인생의 집을 짓기 위해 벽돌 한 장 한 장을 쌓고 있는 것이니까, 다소의 수고로 힘은 들겠지만, 현재 너에게 주어진 여건을 긍정적으로 생각하고 더욱 적극적으로 노력하길 바란다.

수능50일 남은 기간을 멋지게 잘 마무리하여 우리 하나님과 함께 영광과 환희의 순간을 맞이하도록 하자. 화이팅

2000. 9. 26

아빠와 엄마가

· 부모님께

부모님 먼저 새해 복 많이 받으세요. 2002년을 맞아 부모님께 새로운 마음 보여드리고자 편지를 올립니다. 오늘은 추운 날씨에 저희 대신 가게서 일하시느라 얼마나 고생이 많으셨습니까? 감사하고 죄송합니다.

뒤돌아보면 2001년 한해 그다지 잘한 것이 없는 것 같아 아쉽습니다. 재수해서도 만족스럽지 못한 성적을 보여드리지 못해 부모님 은혜에 10%도 보답하지 못한 성적을 보여드려 죄송합니다.

정말 죄송합니다. 2002년에는 실망시켜드리는 일없이 큰 아들로서

역할을 잘하도록 하겠습니다. 나도 이제 21살이니 만큼 성인답게 행동하고 판단하도록 하겠습니다. 내일부터 학원에 가서 Toeie을 배우는데 700점이상 받도록 하겠습니다.

부모님 올해는 더욱더 한 단계 올라가는 저의 모습을 보여드리도록 노력하겠으며 저에게 맡겨진 역할을 충실히 수행하겠습니다.

많은 격려를 해주시고 잘못했을 때에는 질타로 바른 길로 인도해 주십시오. 올해 하시는 모든 일이 잘되고 건강하십시오. 그리고 지금까지 잘 키워주셔서 감사합니다. 이만 줄이겠습니다. 안녕히 계십시오.

2002. 1. 1

큰 아들 준섭 올림

· 사랑하는 어머니께

어머니 안녕하세요? 저 아들 동성이에요. 이제 쌀쌀한 날씨도 다 간 것 같죠. 조금만 있으면 여름이 찾아 오겠죠.

어머니께서도 아시겠지만 저의 꿈은 사업가가 되는 것입니다.

저는 커서 돈을 많이 벌어서 불우한 이웃들도 도와 주고, 그 돈으로 부모님께 효도할께요. 자동차도 사드리고 좋은 곳에 별장도 지어 부모님께서 편히 쉴 곳을 마련해 드릴게 요. 그래서 열심히 공부할께요.

혹시 열심히 공부를 하다가 나태해지면 저를 지적해 주세요. 이제는 어머니 충고를 잔소리로 생각하지 않고, 나를 위해서 해주시는 말씀으로 잘 새기겠습니다.

어머니!

지금부터 제가 잘못한 일들을 고백하려 합니다. 저의 잘못이 끝도 없지만 용서해 주시면 감사하겠습니다. 저는 며칠 전까지도 사춘기로 인하여 사람이 많이 변해 있었습니다. 그래서 부모님께 사소한 것부터 짜증을 냈습니다. 또 사춘기의 기간 동안 공부도 제대로 하지 못했습니다. 저가 어떻게 하면 사춘기 함정을 빠져 나 올수 있을지 곰곰이 생각해 보았습니다. 그러나 저는 특별한 해결책을 찾지 못하고, 오히려 점점 빠져들고 있었습니다. 되는 일도 잘되지 않고 막상 책상에 앉아도 머릿속에는 엉뚱한 생각만 자꾸 난답니다.

저는 조금이라도 마음을 다스려 볼 려고 해도 잘 되지 않아 때로는 교회를 찾습니다. 그래도 교회에 가면 마음이 조금은 편한 느낌이 들곤 했답니다. 이렇게 해서 하루에 한두 번씩 교회에 가서 기도했습니다. 시간이 가니 사춘기가 사라지더라 구요. 이렇게 해서 전 지금까지 하루에 두 번씩 교회에 가서 기도드립니다.

이번 사춘기로 인해 부모님께 걱정을 끼쳐 드린 점 정말 죄송합니다. 앞으로는 그런 일이 없도록 노력하겠습니다. 그리고 또 한가지 정말로 죄송합니다. 부모님께서는 제가 초등학교 다닐 때부터 공부를 열심히 한다고 말씀하셨죠. 그러나 전 그 말씀을 듣지 않았습니다. 그래서 성적은 중상위권이었습니다. 정말 부모님께 죄송합니다.

제가 옛날부터 공부를 열심히 했더라면, 지금 상위권이었을 텐데... 지금 많이 나아져 이번시험에 기대를 걸고 있습니다. 이번 시험에서는 정말 열심히 공부해서 좋은 성적이 나올 수 있도록 노력하겠습니다.

또한 지금까지 어머니 아버지께서 하신 충고도 잘 활용하여 공부를 열심히 하도록 하겠습니다.

이 밖에도 잘못한 일이 많습니다. 어머니께서 책을 많이 읽어야 한다고 하셨는데 저는 많이 읽지 못했습니다. 지금까지 그렇게 하면 안 된다고 생각을 많이 했으나 실천하지 못했습니다.

저는 평소 계획을 세워도 90% 이상이 계획을 세운 날 끝나 버립니다. 저는 이것이 문제라고 생각합니다. 하지만 어머니 아버지께서 개선하는 좋은 방법을 저에게 말씀해 주시면 빠른 시간에 고치도록 하겠습니다.

이것을 고치면 공부하는 방법도 익힐 수 있을 것입니다. 어머니 또 잘못이 있습니다. 저는 형과 사이좋게 지내지 못한 것 같습니다. 저는 형과 조금이라도 더 도와가면서 살아가기 위해 형에게 맛있는 것도 사주고 형을 높여주기로 했습니다. 하지만 형은 그 보답을 장난으로 받아들였습니다. 형이 나에게 잘해 준적도 있지만 대부분 장난을 많이 했습니다.

그래서 형과 저는 호흡이 잘 맞지 않았습니다.

이로 인해 형과 저가 많이 다투어서 부모님께 걱정을 많이 끼쳐드렸습니다. 그러나 앞으로 잘 할께요. 어머니 이렇게 저의 잘못을 열거하니 참으로 많네요. 이제 이 만큼 잘 못을 많이 했으니 빚을 갚아야 하지 않겠습니까? 어머니 전 지금부터 효자가 되겠습니다.

말로만 하는 효자가 아닌 효자 말입니다. 먼저 부모님 말씀에 순종하도록 하겠습니다. 심부름시키셔도 순종하고, 공부하라고 해도 순종하며, 책을 읽 으로 라고 해도 순종하겠습니다.

순종이 쉽지는 않겠지만 차근차근 하나하나 실천하겠습니다. 모는 것에 순종하려면 잘 되지 않겠지만 시간을 넉넉하게 생각하고 순종을 습관화하도록 하겠습니다. 또 공부도 열심히 하겠습니다. 학교수업을 마치고 집에 와서 학교에서 배웠던 것을 복습하여 머리에 넣도록 하겠습니다.

학원에 갔다와도 배운 것을 복습하고 남은 시간에는 TV와 오락도 해서 시간을 낭비하지 않고 내일 공부할 내용에 대해서 미리 예습을 하도록 하겠습니다. 어디에서나 말과 행동을 똑바로 하도록 노력하겠습니다.

짜증이 나더라도 참을 수 있고 억제할 수 있는 능력을 기르도록 하겠습니다. 또한 친구들과 싸우지 않고 사이좋게 지내도록 하겠고 올바를 습관을 갖도록 노력하겠습니다.

어버이 살아 계실 제 섬기기란 다하여라. 지나간 후에 애닯다 어히 하리 평생에 고쳐 못할 일은 이뿐인가 하노라.

제가 보기에는 부모님께서 할머니 할아버지께 굉장히 잘해드리는 것 같습니다. 저는 그런 부모님의 모습을 존경합니다.

그러나 저는 부모님께 잘해드리지 못하고 있습니다.

부모님을 기쁘게 해드리지 못하고 순종하지도 않고 이런 제가 무슨 착한 아이 이겠습니까?

어머니, 이제부터는 항상 어머니 아버지 얼굴에 매일 환한 웃음이 가득히 넘치도록 하겠습니다.

저가 보기에는 진정한 효자들이 20%도 안 될 것 같아요. 그러나 많을 수도 있겠죠. 어떻든 진정한 효자에 제가 들어갔으면 좋겠습니다.

어머니 아버지께서는 항상 저희가 착하다고 말씀하시죠.

그러나 저는 그렇게 생각하지 않습니다.

왜냐하면 저는 약간 질투심이 있거든요. 그래서 하나님께 기도드리고 있습니다. 이런 마음을 없게 해 달라고요. 제가 어머니께 편지를 썼는데 약간 길죠. 그대로 다 읽어주세요. 잘 쓰지는 못했지만요. 그래도 최선을 다해서 쓴 글입니다. 저는 앞으로 꿈을 위해 또 나라를 위해 열심히 노력하겠습니다. 어머니 저를 도와 주세요. 어머니께서 도와주시면 잘 풀릴 것 같아요. 제가 힘이 나서 일이 잘 풀릴 것 같아요. 이제부터는 이 아들 동성이가 항상 어머니를 기쁘게 해드릴께요. 저도 힘든 일이 있더라도 참고 노력 할께요. 공부 열심히 할 거여요. 힘든 일이 있더라도 참으시고 저를 생각하세요. 사랑합니다. 어머니(Mother. I Love You)

1998. 3. 30

어머니를 사랑하는 동성 올림

– 자녀를 노엽게 하지 말라

아비들아 너희 자녀를 노엽게 하지 말고 오직 주의 교양과 훈계로 양육하라
(.엡 6:4)

· 큰 애의 항변(抗辯)

마음속으로 분을 삭히지 못해 글을 쓴다. 내 마음속에 분은 아빠한테 야단을 들어서가 아니다. 아빠·엄마가 내가 하고 있는 노력을 몰라준 다는 점이다. 난 그때 PC방에 가다 걸려서 혼난 후에 다시 아음을 고 쳐먹고 놀 때는 놀아도 할 때는 하자고 마음을 먹었다. 그래서 내 친구 학원 수강증까지 빌려서 영어를 들었다. 그런데 엄마와 아빠는 내가 전 혀 노력을 하지 않는 다고 생각하고 있다는 점이 나를 열 받게 한 것이 다.

나도 1학년 때처럼 하다가는 내가 원하는 길로 못 갈 것 같아 노력을 하고 있다. 만약 부모님이 그것을 알고 나한테 칭찬과 격려를 해 주었 으면 난 정말 더 기쁜 마음으로 했을 것이다.

그러나 아빠가 PCS를 사준다는 말을 듣고 좋았다. 애들이 그것을 많이 가지고 있지 않기 때문에 난 더 좋았다.

그것을 빨리 가지고 싶어 아빠한테 잘 보이려고 많이 노력했다. 그것도 몰라주고 있다. 그래서 결국 기다리다가 난 PC방에 갔다.

걸림으로 모든 게 끝났다.

내가 환경이 나쁘지 않은 부모님이 나에 대한 기대 때문에 참 힘드신 것을 나는 안다. 그러나 난 그걸 위해서라도 수업시간에 친구들이 잘 때 자지 않으려고 노력하고 있다.

그리고 수강증 검사할까 봐 조마조마 하면서 영어수업을 들었다.

그러나 부모님으로부터 돌아오는 것은 무심함이었다. 사실 정말 난 내 친구들이 많이 없는 것 가지고 싶어서 PCS도 가지고 싶다. 그러나 일단 내 노력한 만큼의 부모님께 인정받아야 한다. 나에게 물질적으로 나한테 주어진 다면 좋지만 그게 않 된다면 말이라도 나에게 좋은 말씀이 돌아왔으면 하는 심정이다

(1999. 3. 15 큰아이 책상 위에)

- 작은 애의 항변(抗辯)

안녕하세요? 저 동성이입니다. 이번 편지는 제 자신에 대한 입장을 말하기 위해서 이렇게 편지를 썼습니다. 요즘 아버지께서 여러 가지 일을 가지고 저희를 많이 혼 내셨죠. 저는 그것을 이해할 수 없습니다.

먼저 수련회의 목적은 저희들이 신앙이 깊어지고 예수님을 사랑하지는 것입니다. 그래서 많이 깨달았어요. 그런데 아버지는 집에 오자마자 화를 내셨잖아요. 그런데 어떻게 우리가 깨달은 것을 쓸 수 있겠습니까? 수련회 마지막 날에는 11시정도 돌아왔는데 아버지께서 피곤하셨다면 문만 열어 놓으시고 주무시면 되잖아요.

하나님이 우리 집을 보호해주시는데 무엇이 걱정이세요?

저는 그때 화를 내신 것이 정말로 이해가 되지 않습니다.

그리고 방학이 다 지나가고 뭐라고 하신 것…

예 아버지 말씀대로 많이 공부하지 못했어요. 하지만 저 나름대로는 열심히 했다고 생각합니다. 그리고 제가 전도사님께 말씀드리지 않는 것은 전도사님이 신경 쓰실 것 같아서요. 다른 교회 학생회는 조용하다는데 우리 교회는 그러니 제가 정말 죄송하게 생각했어요. 그리고 제가 집에서 잘 웃지 않는 것은 웃을 일이 없으니까요. 밖에서는 재미있는 이야기도 나누고 놀고 웃을 일도 많은데 우리 집은 적은 편이에요.

그래도 저는 잘 안 웃어도 얼굴을 찡그리지 않습니다. 그리고 저의 공부에 대한 것을 아버지께서 너무 많이 신경을 쓰시는 것 같아요. 공부에 대한 것은 저도 다 생각이 있습니다. 그래서 제가 두 번이나 편지를 써서 스스로 해 보겠다고...

아버지가 저 번에 편지에 잘 하겠다고 써 놓으면 뭐 하냐고 하셨죠? 저의 시험성적 결과는 아직 나오지 않았어요. 시험을 보지 않았어요.

아버지가 안 보실 때 우리는 공부를 한 다구요. 아버지께서 공부할 때 그러시면 저희는 얼마나 스트레스를 더 받는지 몰라요.

어버지께서 왜 그러신다는 것을 다 알아요. 하지만 저희도 성적에 대한 걱정이 없는 것은 아니에요. 형은 어떤지 모르지만 이건 제 입장입니다.

저를 아버지께서 혼내면 그 것 때문에 아무 일도 할 수가 없어요. 저도 아버지를 닮아 신경이 예민해요. 저는 무슨 일이 있으면 그 일 하나 가지고 매달리게 됩니다. 제 성격이 그래요. 저의 입장 좀 생각해주세요.

방에 들어가라고 해서 들어가면 공부가 안 돼요.

그냥 책상에 앞에서 앉아 있는 것뿐이어요. 하지만 스스로 들어가면 10분해도 집중이 돼요 1학년때 90점(평균) 넘은 것도 이것 때문이어요. 활발한 성격을 묶어 둔다면 그건 정말로 아버지의 실수여요 제가 내성적이었다면 아버지의 뜻대로 될지는 모르지만 저는 그렇게 못합니다.

아버지가 제 편지를 읽으시면 뜻을 이해 못하실 것 같아요. 저에게는 아직 중3이라는 1년이 더 남았어요.

그 일 년을 저에게 맡겨 주세요. 그리고 제가 지금까지 드렸던 편지 다시한번 읽어 보세요. 이 편지가 저희 입장입니다.

전 제 입장을 책임질 수 있습니다. 하나님께 맹세합니다.

목사님이 그러더군요. 하나님께 맹세하는 것은 꼭 지켜야 한다고…

그럼 저는 이만 글을 쓰겠습니다.

1999년 1월 23일

오 동 성 올림

서울특별시 교육감 서울학생상 수상(중학교 졸업식에서)

17

마음 반석 위에 새긴 말씀

너 낳은 아비에게 청종하고 네 늙은 어미를 경히 여기지 말지니라. 진리를 사고서 팔지 말며 지혜와 훈계와 명철도 그리할지니라. 의인의 아비는 크게 즐거울 것이요 지혜로운 자식을 낳은 자는 그를 인하여 즐거울 것이니라. 네 부모를 즐겁게 하며 너 낳은 어미를 기쁘게 하라. 내 아들아 네 마음을 내게 주며 네 눈으로 내 길을 즐거워 할 지어다. (잠 23:22-26)

"나는, 매일 하는 일이다."

아버지의 말씀을 듣는 그 순간 큰 바위로 내 가슴을 내리쳤다.

‘아버지 더욱 더 열심히 할께요.’ 마음으로 다짐하고 다짐했다.

그 말씀을 들은 지도 40여 년이란 세월이 흘렀는데도, 아버지께서 하늘나라 가신 지 많은 시간이 흘러버려 뵐 수 없는 지금도 「나는 매일 하는 일이다」라는 아버지 말씀이 내 가슴에 요동치고 있다.

우리 아버지는 힘이 장사이셨다. 아버지는 무서움과 두려움이 없으신 분이었다. 아버지는 우리 자녀들에게는 늘 사랑으로 대해 주셨다. 아버지는 꼼꼼하시고 세밀한 곳까지 챙기시는 분이셨다. 아버지는 글을 전혀 모르셨지만 현명한 분이셨고, 이웃들에게 베풀기를 참 좋아하셨다.

마을에서도 헌신적으로 이웃의 일을 하시고, 우리 집의 일은 나중에 하시는 분이셨다. 때로 이런 것들 때문에 어머니와 갈등의 골이 깊어질 때도 있었지만, 참으로 희생적인이며 헌신적인 삶을 사신 분이셨다.

아버지는 봄·여름·가을·겨울 사시사철 소죽을 끓여서 황소에게 먹여야 하기 때문에 매일 산에 가서 나무를 해 오셨다. 아버지가 언덕에 내려놓은 나뭇단은 마을 사람 누구나 한물양반(宅號) 것이라는 것을 알고 있을 정도였다.

산세가 험하고 골이 깊은 산골에서 아궁이에 불을 넣을 때 화력(火力)이 높은 싸리나무를 만을 골라 나무를 하여, 다섯 단을 지게에 지고 내려와 언덕에 내려놓은 나무 짐은 너무 아름답고, 우람하여 시골길을 지나는 사람들은 그 짐을 보고 감탄하곤 했다. 아버지께서 언제나 이 세상에는 두려움이 없다고 말씀하시곤 했다. 힘이 장사이시기에 그렇게 말씀을 하셨는지 모르지만 매사에 자신감이 넘치셨다.

어느 날, 아버지를 따라 나무하러 깊은 산으로 갔다. 앞서 가신 아버지를 뒤 따라 가면 마음이 너무너무 편하고 포근하다. 산천의 오래된 역사와 골짜기에 대한 전설을 하나하나 말씀해 주시기 때문에 재미는 있으나, 아버지가 하고 계신 일을 같이 해야 하는 어려움이 있다. 언제나 아버지와 함께 한 그 시간은 힘이 들어도 너무 귀하고 행복하였다.

사랑의 하나님 아버지의 사랑도 이와 같으리라. 어느 날 온산에 신록이 우거지고 농촌 들녘이 푸름이 가득한 날, 아버지와 함께 수풀 속에서 장작나무를 가득히 지게에 지고 내려온다. 힘들고 지칠 때면 산길 쉼터에 지게를 받쳐 놓고 휴식을 취한다. 몇 번의 휴식을 취했는지는 내려오다 보니 큰 참나무가 있는 쉼터에 이르렀다. 쉼터 옆으로 맑은 산천 개울물이 흐르고, 아름드리 참나무 그늘에 산새와 매미가 울고 있으며, 산천 계곡의 시원한 바람이 불어오는 곳, 참으로 더 할 나위 없이 좋은 참나무거리 쉼터이다.

아버지는 오래전에 호랑이를 만나셨던 이야기를 해 주셨다.

"나 젊었을 때 이 산에도 호랑이가 살았단다. 오늘처럼 나무를 지고 오는 데 바로 직전에 쉬었던 쉼터에서 호랑이를 보았지.

그날도 새벽 먼동이 트기 전에 지게를 지고 아침 이슬이 가득한 풀을 헤쳐 가면서 적산(일제때 일본 사람 소유의 땅)으로 나무를 지고 올려 갔었지. 그 때도 지금처럼 신록이 우거지고 한 치의 앞도 보이지 않는 수풀 속에서 어제 미리 해놓은 장작나무를 지고 집으로 오는 길이었지.

먼동이 트이지 않은 새벽에 산으로 올라가서 그러한지, 나무를 지고 집으로 돌아오는 데도, 산으로 올라오는 마을사람을 누구도 만날 수 없었단다.

직전 쉼터 언덕에 지게를 받쳐 담배를 한 대 피우고 있는데, 고라니 한 마리가 치친 모습으로 내 옆을 뛰어 지나 가더구나.

이 새벽 아침에 왜 이리 고라니가 뛸까, 이상해서 담배를 피다가 일어나서 보니 잠시 후에 호랑이가 뒤를 따라 오더라고.

평생에 어르신들로부터 말로만 듣던 호랑이라 참으로 신기해서 벌떡 일어나서 호랑이를 보고 있었지.

그런데 이상한 일이 벌어졌어. 조금만 뛰어 가면 호랑이가 노루를 잡을 수 있을 것 같은데, 저 개울 건너서 나를 보더니 그만 노루를 쫓지 않고 뛰던 걸음을 멈추고, 뒤돌아 앉아 나를 주시하고 있더구나.

평생에 처음 보는 호랑이가 얼마나 신기하고 예쁘게 생겼는지, 한참을 건너편 논 언덕에 앉아 있는 호랑이와 30~40미터를 거리를 두고 앉아 있었지. 호랑이가 뛰어 갈 때에는 발을 개처럼 두 발을 같이 뛰지 않고, 네 발을 교차하면서 개울에 있는 돌을 건너가더라.

처음에는 신기하고 예쁘고 그랬는데 시간이 가면서 두려움이 오기 시작하더라고….

시간이 자꾸만 흘러가는 데도 호랑이는 가지 않고 있었지. 두려움이 쌓여만 갔지. 나를 해칠려고 그럴까?

호랑이는 새벽에 사냥을 한다는 데….

시간이 자꾸만 흘러가는 데….

왜 이리 마을 사람들은 오지 않을까? 옛날에 어르신들이 호랑이를 만나면 불을 보이면 도망간다고 했는데 생각이 들어 담배로 라이타로 담뱃불로 붙여 바도 호랑이는 꿈쩍도 하지 않고 있다.

도무지 겁이 나서 어떻게 해야 될까 걱정이 태산 같았지. 계속 기다려도 마을 사람들은 오지도 않고, 이대로 호랑이와 앉아 마주보고 기다릴 수도 없으니, 집으로 가자 했지. 장작나무를 지고 작대기를 강하게 부여잡고 왔지.

호랑이가 대들면 작대기로 호랑이 허리를 내리칠려고 단단히 마음먹고 집으로 왔지. 그 뒤로 호랑이는 어떻게 되었는지 알 수가 없었단다.

두려움이 없으신 아버지의 삶은 상상을 초월한 담력을 가지고 계셨다. 그 무시무시한 호랑이를 전면에 두고 기(氣) 싸움을 하셨다니 생각하면 생각할수록 자랑스럽고 존경스럽다.

옛날 호랑이가 많이 살고 있었던 지리산 큰 줄기 통명산(1,000m)에 홀로 지게를 지고 간다.

이때가 새벽미명이라. 홀로 지게 지고 녹음(綠陰)이 짙은 산속을 걸어간다. 머리에 그려만 보아도 나는 가능할까?

도무지 불가능할 것 같다. 아버지는 힘이 장사이시고 세상 어떤 것도 두려운 분이 이셨으니 가능할까? 참으로 존귀하신 아버지이셨다.

내가 어렸을 적에 구수한 아버지 말씀을 들을 때마다 부모님의 따뜻한 사랑에 젖곤 했다. 이를 통해 배움에 대한 열정이 더욱 생기고 아버지의 큰 사랑을 가지게 되었다. 또한 더욱 열심히 공무해서 부모님을 잘 모셔야 되겠다는 의지를 다지곤 했다.

고등학교 1학년 때, 고향 산천에 푸름이 가득한 초여름 어느 날 이었다. 깊고 깊은 고향산골 뒷 바랑골 천수답에 모심기를 하기 위해 논을 괭이로 고르고 계시던 아버지 말씀이다.

"나는, 매일 하는 일이다."

이 말씀으로, 당시의 나는 더욱 착해야 했고, 더욱 열정을 가져야 살아야 했고, 부모님 은혜에 더욱 깊이 감사해야 했다.

천수답은 1마지기를 300평정도로 하는데 저수지나 강으로부터 물을 끌어대거나 지하수를 이용할 수 있는 시설이 전혀 없는 심심산골의 논이다.

　또한 우리 논은 모내기철에 충분한 비가 오지 않으면 모내기를 할 수 없다. 하늘에 비를 보고 모내기를 해야 하고 비가 오지 않으면 모내기 때를 놓쳐 시기를 잘 보아 모내기를 해야 한다. 논은 언제에 누구에 의해 개간된지는 알 수가 없다. 뒷 바랑골 산 아래 비탈진 언덕에 나무와 풀을 베어내고 단층계단으로 된 폭이 좁고 길이 긴 논배미를 만들어 놓았다.

　깊고 깊은 산중에 누가 일일이 괭이로 파서 좁고 긴 논배미를 만들어 놓았을까? 2마지기정도 되는 데 30여개나 되는 좁고 긴 논배미로 이루어져 있다. 황소의 힘을 빌려 쟁기질을 할 수 밖에 없다. 논 배미의 모습은 구불구불하고, 폭이 너무 좁아 황소와 쟁기가 들어갈 수 없는 논배미도 있다. 이곳은 낱낱이 괭이로 파서 모를 심어야 한다.

　논에 물이 풍족해야 모내기가 비교적 쉬운데 물이 부족하고 장비도 없으니 많은 힘이 든다. 하나하나를 인력으로 해야 하니 참으로 그 고통은 말 할 수 없이 많다. 집에서 산길로 1키로를 정도 걸어 가야되는 깊은 산골에 있다. 아버지는 모내기철이면 새벽에 먼동이 트기 전 올라가서 저녁에 어둠이 지면을 덮으면 집으로 돌아오시곤 했다.

　객지에서 공부하는 나로서는 부모님의 그 고통을 알기에 모내기철에 맞추어 휴가를 내어 고향집으로 왔다. 작은 나의 힘이라도 더 하면 부모님 수고를 조금이라도 덜까 해서 말이다. 객지에서 돌아온 나는 책가방을 집에 놓고, 급하게 산길로 걸어 뒷 바랑골 논으로 향해 간다.

산골이 깊어 산길로 한 걸음 한 걸음 걸어갈 때 마다 길가 풀과 숲에서 무엇이 뛰어 나올 것만 같다. 아직 해가 중천에 떠있는 대낮인데도 풀숲에서 들려오는 조그만 소리에도 소름이 끼친다. 한참을 올라가니 저 멀리에 바라보인다.

논둑에서 홀로 땅을 파는 아버지 모습을 보니 마음이 아프다. 왜 이 깊은 심심산골에서 저 고생을 하시면서 우리 부모님은 사셔야 할까? 이렇게 열심히 사신네노 항상 쌀이 없어 봄·여름철에 꽁보리밥을 겨울철에는 무우밥을 먹어야 하는 현실을 생각하면 한없이 마음이 아팠다.

학교 친구들의 말을 들으면 어떤 친구는 자기 집에 일하는 머슴이 10명이고, 나락을 정미하는 정미소를 가지고 있다고 한다. 나락을 정미하는 날이 7일이나 된다는 말도 들었다. 호남평야가 있는 김제에 사는 친구들의 말이었다. 농사를 많이 지은 친구들은 480마지기를 짓는 친구도 있었다. 땀방울이 뚝뚝 떨어지며 일하시는 아버지 모습이 마음을 아프게 한다. 더욱 열심히 공부하고 빨리 커서 돈을 많이 벌어 부모님을 잘 모시리라 다짐해 본다.

"아버지, 저 왔어요."

"어서 와라. 공부하느라고 수고 많았지?

집에서 쉬지 무하러 왔어?"

흰 바지 저고리를 입으신 아버지의 옷은 흙탕물로 뒤범벅이 되어 있었다. 쟁기로 갈아 놓은 한 골을 낱낱이 괭이로 쪼아서 모내기를 할 수 있도록 만들어야 하니 그 일이 얼마나 많을까? 온 통 소나무와 참나무로 숲으로 둘러싸인 깊은 산골에 여기, 저기에서 이름 모를 산새들이 울고 있다. 어떤 산새의 울음소리는 두려움을 주면서 이 골짜기 저 골짜기를 날고 있다.

아무도 찾지 않는 이 깊은 산골에 아버지 홀로 일을 하시면 얼마나 무서우실까? 어떨 때는 어두움이 짓게 내릴 때도 있을 것이고, 때로 폭우가 내리고 천둥이 칠 때도 있을 것인데 말이다. 어떻게 우리 아버지는 이 깊은 산골에서 일을 하셔야 하나 한없이 마음이 아팠다.

누구를 위해 이 고생을 하셔야만 할까?

무엇 때문에 일을 계속하셔야만 하나?

높고 높은 하늘이라 말들 하지만
나는 나는 높은게 또 하나 있지.
낳으시고 기르시는 부모님 은혜
푸른 하늘 그 보다도 높은 것 같아. (윤춘병 작사)

아버지는 자식을 위해 저 고생을 하시는 것이 아닐까?

나 때문에 그런 것이 아닐까? 내가 학교 다니면서 돈을 쓰니까 그런 것이 아닐까? 내가 학교를 꼭 다녀야 할까? 학교에 가지 말고 집에서 아버지 도와 농사나 지을까?

언젠가 아버지와 마을 이장이 우리 집에서 소에게 줄 소죽을 끓이기 위해 장작불을 넣으면서 하신 말씀이 생각이 났다.

내가 중학교에 시험에 떨어지면 무엇을 시킬 것인지를 말씀하시는 것을 들었다. 아버지 생각은 두 가지를 가지고 계셨던 것 같다.

첫번째가 양복점에 가서 기술을 배우게 해서 나중에 양복점을 차리는 것이고, 두번째가 전파사에 보내 텔레비전과 같은 전자제품을 고치는 기술을 배워 전파사를 차리는 것이다. 그래도 아버지는 나를 데리고 농사를 짓게 힐 생각은 없으셨던 것 같다.

"괭이는 어디 있어요?"

아버지가 논둑 풀숲에 숨겨 놓았다. 괭이를 찾아 주신다. 산천의 천수답이라 논에 물이 많이 없어 훨씬 더 할 일이 많은 가보다. 물이 많으면 괭이로 논 바닥을 고르면, 땅이 덜 딱딱하고 일하기가 쉬운데 물이 적으니 일일이 흙 덩이를 하나하나를 괭이로 쪼아야 하는 어려움이 있었다.

30 개 이상 된 꾸불꾸불한 논배미 하나하나를 괭이로 파서 논둑을 바르고, 손으로 논둑을 문질러야 한다. 고인 물이 밖으로 새어 나가

지 못하게 해야 된다. 도대체 몇 번이나 괭이질을 하고 몇 번이나 문질러야 될지 짐작이 가지 않았다. 산천에 천수답은 많은 물이 없으니 위 논배미부터 아래 논배미로 순서를 정해 차례차례 일을 하는 것이 아니다. 이 논배미, 저 논배미에 물이 고여 있는 곳을 찾아다니며 괭이질을 해야 한다.

이 논배미, 저 논배미를 옮겨 가면서 일을 하다 보니 일에 대한 효율성이 많이 떨어진다. 이런저런 생각을 하면서 아버지 일하시는 모습을 바라본다. 많은 일도 하지 않았는데 허리는 왜 이리 아픈지?

논둑에 흙을 괭이로 걷어 부치고 있다. 그런데 아버지가 해 놓으신 부쳐 놓은 논둑 모습과 너무 다르다. 아버지는 해 놓으신 논둑은 아주 고르고 아름답게 정리되어 있다. 내가 부쳐 놓은 논둑은 울퉁불퉁 높낮이도 다르다.

아버지가 부쳐놓은 논둑 모습과 내가 해 놓은 논둑모습이 확연히 구별된다.

"아버지, 아름답게 잘 안 되네요."

"그러니까 쉬어."

한사코 아버지는 쉬어라고 말씀하신다. 시간이 흘러가니 서서히 허리가 더욱 아파온다. 아버지는 연속해서 괭이질을 하고 계신다. 계단식 논둑에 논흙을 모아 부치고 있다. 층층이 쌓인 논배미 하나하나가 아름다운 모습으로 마무리되고 있다.

아버지가 부쳐 놓으신 논둑은 너무 매끄럽고 아름다운지! 꼭 흙손으로 다듬어 놓은 것처럼 아름다웠다. 짧은 허리는 계속해서 더 아파오고 손에 쥔 괭이는 더 힘이 없다. 지치고 곤한 시간이 가고 있다.

'참아라. 참아. 그래도 참아야 되느니라. 고달픈 아버지 삶을 조금이라도 덜어 드리기 위해 참아야 돼.'

아버지께서 보시지 않으실 때, 조금씩 논둑에 앉아 쉬었다. 아픈 허리 때문에 논둑에 앉아 쉬는 시간이 잦아져 그 만 아버지께 들켰다. 아마 아버지는 내가 논둑에 앉아 쉬는 것을 몇 번이나 보셨지만 못 보신 것처럼 고개를 돌리고 계셨을 것이다.

아버지께서 말씀하신다.

"힘들시?"

"네, 힘드네요."

"나는, 매일 하는 일이다."

아버지의 그 말씀이 내 귓전을 울리는 순간 마치 큰 바위로 내 가슴을 치는 것만 같았다.

그래.

「아버지는 매일 하는 일이지」

그래! 아버지는 아들을 위해 일을 하고 계셨겠지.

그래! 아버지는 아들을 위해 지치고 곤한 일을 하시고 계셨겠지.

그래! 아버지는 지금은 힘들고 어렵지만 가을에 수확의 기쁨을 아시겠지.

그래! 아버지는 사랑스런 자식들이 성장하는 기쁨을 기다리고 계셨겠지.

그래! 나는 아버지가 누구를 위해 일을 하고 계셨는지 몰랐지.

그래! 나는 아버지가 무엇 때문에 곤한 일을 하시는지 몰랐지.

그래! 나는 지금의 힘든 것만 알고 가을에 수확의 기쁨을 몰랐지.

그래! 나는 아직도 사랑스런 가족이 성장하는 기쁨을 몰랐지.

아버지를 향한 나의 모습이 너무도 부족하고, 철이 없어 일을 덜어드리려고 했던 것이 더 무거운 짐이 되는 것 같아 죄송스러웠다. 더욱 인내하지 못하고, 힘들고 허리 아파 힘든 것만 생각했다. 나의 작은 그 모습이 못내 아쉬웠다. 이제 아버지가 쉬었다 해라고 말씀 하실 때 까지 꾹꾹 참고 하리라 몇 번씩 다짐했다.

산천이 깊고 높은 산 골자기로 병풍처럼 둘러싸인 산천의 하루의 해는 매우 짧았다. 이윽고 중천에 떠 있었던 태양이 서산에 지고 서서히 어두움의 그림자가 드리우고 있다. 녹음(綠陰)으로 겹겹이 두른 푸른 산과 어두운 골자기에 살랑살랑 불어온다. 무덥던 여름 바람과 산천에 어둠이 나를 두렵게 한다. 깊은 산 속에서 울고 있는 저녁 새 소리와 살랑살랑 불어오는 여름바람에 나무들이 흔들리고 있다. 금방이라도 숲속에 무엇인가 뛰어 나올 것 같아 한없이 두렵다. 그러나 아버지는 집에 가자는 말씀이 없다.

"나는, 매일 하는 일이다."

아버지 말씀은 내가 공부할 때에도 · 놀고 있을 때에도 · 길거리에 방황할 때에도 · 잠자리에 있을 때에도, 아버지는 나를 위해 지치고 곤할 때에도 쉬지도 못하시며 일하신다. 아들을 위해 고달픈 삶을 살아가는 아버지의 인생이 한없이 감사하고 죄송스럽다.

「아버지를 향한 그리움」

아버지, 아버지 불러 보네
저 건너 큰 산에 메아리 되어 오네
사랑하는 내 아들아
그 이름 불러 만 보아도 가슴 벅차 다네
쉬실 날이 있을 까 잊을 날이 있을 까 아들생각에
이제나 오려나 저제나 오려나 기다리고 있네

산을 넘어 갈까 강을 건너갈까 기다리던 그 곳으로
내 맘 속에 새겨진 그리운 얼굴이여

큰 소리로 불러 봐도 그리움을 달랠 길 없네

불러보고 또 불러 봐도 닿지 않는 저 곳으로

목 놓아 부르고 싶은 이름이여
나의 목이 잠기어 부를 수 없다 해도
또 다시 부르고 싶은 그리운 그 이름
아버지! 아버지! 아버지!
마음 반석 위에 깊게 새기어 영원히 지워지지 않으리.
'나는, 매일 하는 일이다.'

예수 이름으로 신축된 주택

1981년 초겨울 어느 날 밤 유난히 하늘은 높고 맑은 날이 이었다.

초겨울 차가운 바람이 내 볼을 스치고 하늘에는 수많은 별들이 초롱초롱 빛나던 밤 광명시 철산리에서 살고 있는 친구의 집에 갔다. 꾸불꾸불한 골목길을 한참을 올라가 따라 친구의 집에 다다랐다. 검은 기름종이로 만들 루핑 지붕 아래 빼곡히 살아가고 있는 가구(家口)들이 나의 숨을 막히게 했다.

18

⋮

예수이름 으로 주택 신축을 했다

많은 사람들이 이러한 곳에서도 살고 있는 모습이 안타까웠지만, 나 또한 여기에 살지는 않지만 집한 칸 없는 사람으로 아픔을 같이 할 수 있었다.

잠시, 친구의 집에서 나와 언덕 위에 서서 영등포구와 구로방향을 바라보니 많고 많은 불빛과 함께 수많은 집들을 바라보며 친구와 함께 한숨만 쉬고 있었다.

너와 나는 돈을 언제 벌어 저러한 집을 살 수 있을 까, 친구와 함께 깊은 시름에 잠긴 일이 있었다. 친구야, 우리 열심히 일하자.

돈을 벌자. 그리고 모으자.

집을 사자.

굳게 손을 잡고 다짐했다.

그로부터 5년이 지났다. 강서구(당시) 목동에 서울시에서 대단위 아파트 단지를 조성하고 있었다. 오목교를 건너가면 안양천 변에 가까운 친지분이 살고 있어 자주 가 볼 기회가 많이 있었다. 안양천 뚝방 주변에 있는 무허가 스레이트 지붕으로 된 낮은 주택들이 즐비하게 있었다.

이곳, 저곳에 있는 스레이트 주택들에 많은 가구들이 방 한 칸에 부엌 하나를 한 가구로 살고 있었으며, 화장실은 공동화장실로 사용하고 있었다. 서울시에서 공공개발로 시행한 목동아파트가 분양되지 않아 서울시 공무원을 대상으로 입주할 직원을 찾고 있었다.

목동아파트는 평당 분양가는 105만 원으로 35평 정도이면 4,000
만 원이면 입주가 가능했다. 4000만 원이면 큰 돈인 것 같은데, 도
무지 어느 정도나 되는 돈인지 감이 오지 않았다. 그동안 많은 예산
을 집행해 보았으나, 예산은 돈으로 보이지 않는다.

사실, 나는 돈 4,000만 원이 없어 그만한 돈을 움직일 능력이 없
었다. 돈을 움직일 수 있는 사람이 돈을 가진 사람도 움직일 수 있을
텐데 돈을 움직일 수 없으니 사람도 움직일 수 없었다. 그래서 그 때
가 가장 아쉽다. 86년 당시에, 목동 아파트에 입주할 수는 없었지만,
내가 가진 적은 돈으로 내 집을 마련하기 위해 이곳저곳을 찾아 다
녔다.

86년 하반기부터 87년 상반기에 집을 찾아 헤매 이던 나에게도 예
비한 집은 있었다. 주변에 있는 다른 집에 비해 많이 낡은 집이었으
나 골목 삼거리에 있어 좋게 보이는 집이 있었다. 조그만 단독주택
이었지만 이미 융자도 있고 세입자도 있어 구입하는 데 비교적 좋은
조건으로 되어 있었다.

주님의 참 사랑을 알지 못하는 삶이었지만 구입을 결단하고 구입
하여 1987년 9월에 이사했다. 건축한 지 30년이 경과된 낡은 주택
이었기 때문에 지붕 기와와 벽 등 외관은 물론이고, 내부에도 많은
보수를 해야 하는 건물로 이를 보수하기 위해 많은 돈이 필요했다.

눈이 오나 비가 오나 외부에 있는 연탄아궁이에서 연탄을 갈아야

되고, 화장실도 외부에 있어 이용하는데 매우 불편했다.

평생 처음으로 내 집을 갖는 기쁨도 있었지만, 낡은 주택에 사는 불편은 이만 저만이 아니었다. 주변에는 많은 집들을 신축하여 아름다운 모습으로 살아가는 데 우리 집만 낡아 보기도 좋지 않았다. 그러나 이를 신축하기 위해서는 여러 조건이 갖추어 져야 되는 데 여러 가지 문제가 많았었다.

부질없는 세월만 일 년이 가고 이년이 흘러서 구입한 지 5년이 지나갔다. 주택을 새로 짓기 위해 여러 가지 구상을 하고 있던 차에 주변 사람을 통해 전직 공무원을 퇴직해 교회에서 장로로 시무하고 있다는 한 사람을 소개받았다.

하나님이 정해 놓으신 일정을 모르고 내 생각대로 주택을 신축하기 위해 서두르다 그만 사람을 잘못 만난 것이다. 장로는 모두가 하나님에 대한 신실한 믿음이 있고 세상에 아름다운 모습만 갖고 있는 사람으로 생각하고 만남도 이어지고 그렇게 했는데, 그렇게 되지 못했다.

당시에, 정릉에 있는 국민은행에 4,000만원 자금을 대출받아 주택을 신축하려고 했지만, 여러 가지 여건이 성숙되지 않고 대출금만 빚으로 안게 되었다. 모든 것이 수포로 돌아가고 한없는 자괴감과 어려움이 가중되고 있었다. 대출로 고통이 나날이 지속되어 한 푼이라도 모아 가정 경제를 윤택하게 해보려고 노력하는 아내에 대한 미안함은 말로 표현할 수 없었다.

빚이 쌓여 가서 가정에는 물질의 짐이 무거워 하루하루가 힘들어 가는데 해결될 기미가 보이지 않는다.

주택이 너무 낡아 동절기에 벽과 문틈으로 들어오는 눈보라를 막아야하고 외부 연탄아궁이에 계속해서 연탄을 갈아야 했고, 외부에 있는 화장실을 이용해야하는 불편함은 말할 수 없는 고통의 연속이었다. 주변에는 깨끗한 주택이 계속 신축되어지고 있어 볼품없는 낡은 우리 집을 볼 때마다 가슴이 메어지게 아팠다.

한없는 하나님 아버지를 향한 눈물의 기도드리다가 지쳐 잠자리에 들기도 하고, 도와주시지 않는 다고 투정도 부려보고, 해결해 주시지 않는다고 원망도 해보았다. 모든 것이 내 뜻대로 되는 것이 아니었다. 집을 잘못 구입했기에 그럴까? 이사 올 무렵 어떤 주변 사람이 애기를 하는데 이 집터가 지세가 세다는 말을 했는데 그래서 그런 것일까?

하루하루를 걱정과 근심으로 보내면서 주택을 신축할 수 없다면 주택을 팔고 다른 곳으로 이사를 가면 어떨까 하는 생각도 하게 됐다. 이렇게 힘들고 어려울 때마다 힘이 되어 주시는 우리 교회 목사님이 계셨다.

교회에 등록한 지는 얼마 되지는 않았지만, 언제나 성경말씀에 있는 많은 선지자들이 행하였던 믿음의 역사를 자상하게 설명하여 주시고, 기도를 통해 우리에게 용기와 희망을 심어 주시는 분이셨다.

「오늘도 하루 일과를 마치고 대방동 집 근처에 도착하니 문득 이런 생각이 들었다. 아버지 하나님은 이 세상의 주관자이시며 전지전능하신 분이신데, 이 조그만 주택을 신축하지 못해 예수 믿는 내가 집을 팔고 다른 곳으로 이사 간다면 얼마나 창피할 일인가?

어떻게 예수를 증거하며 하나님이 전지전능하신 분이라고 어떻게 전할 수 있겠는가?

이건 아니다. 이건 말도 안 된다. 보다 당당하고 소신 있게 전하려면 하면 반드시 주택을 신축해야 된다.

주님은 불가능을 가능케 하신 분 이리고 사람들에게 자신 있게 전해야 되기 때문에 그렇다.」(1993. 2. 5주님일기)

예레미야가 아직 시위대 뜰에 갇혀 있을 때에 여호와의 말씀이 그에게 두 번째로 임하니라 이르시되, 일을 행하시는 여호와 그것을 만들며 성취하시는 여호와 그의 이름을 여호와라 하는 이가 이와 같이 이르시도다. 너는 내게 부르짖으라 내가 네게 응답하겠고 네가 알지 못하는 크고 은밀한 일을 네게 보이리라. (렘 33:1-3)

하나님 아버지는 잠잠히 계신 분이 아니시고, 일을 행하시는 여호와 성취하신 분이심을 믿는다. 반드시 하나님께서는 내가 부르짖어 기도드리면 내가 알지 못하는 크고 비밀한 일을 하셔서 내가 원하는 것보다 훨씬 더 큰 일을 보여 주실 것이고, 내가 상상하지도 못했던 일을 하실 것을 믿는다. 할렐루야

지난날 하나님의 사랑을 알지 못했을 때와 같이 홀로 광야에 버려져 울부짖는 양이 결코 아니며, 걱정근심을 홀로 지고 가는 인생이 아니다.

주님이 인도하는 새로운 세상이 열렸으니 내 안에 계신 분을 믿고 따르며, 일을 행하시는 하나님께 기도만 드리면 된다. 그분이 인도하시는 대로 순종하며 살아가면 된다. 이 세상일들이 내 계획대로 하는 것이 아니라, 하나님의 뜻을 쫓아가야 하기에 매일매일 기도에 매달렸다.

1991년 상반기부터 시작된 주택과 관련된 구청으로부터 시유지 불하와 주택신축 자금 문제를 해결하고 1994년 3월 5일 주택신축을 하기 위한 계약을 체결했다. 오직 하나님이 사랑으로 이루어진 결과였다.

내 모든 시험 무거운 짐을 주 예수 앞에 아뢰이면
근심에 쌓인 날 돌아 보사 내 근심 모두 맡으시네
(후렴)
무거운 짐을 나 홀로 지고 견디다 못해 쓰러질 때
불쌍히 여겨 구원해 줄 이 은혜의 주님 오직 예수

내 모든 괴롬 닥치는 환란 주 예수 앞에 아뢰이면
주께서 친히 날 구해주사 넓으신 사랑 베푸시네

내 짐이 점점 무거워질 때 주 예수 앞에 아뢰 이면
주께서 친히 날 구해주사 내 대신 짐을 져주시네

마음의 시험 무서운 죄를 주 예수 앞에 아뢰이면
예수는 나의 능력이 되사 세상을 이길 힘 주시네(찬송가 363장)

그동안 우리가정을 위해 밤낮으로 기도하여 주신 목사님과 함께 착공예배를 드렸다. 그로부터 4개월여 지난 후에 번듯한 3층 신축주택으로 거듭날 수 있어 우리 가족이 입주했다. 주택을 신축하는 동안 우리를 위해 수고하여 주신 많은 근로자분들께 감사드린다. 주택을 신축하는 4개월여 기간에도 하루도 빠짐없이 밀린 공무로 시청 사무실로 출근할 수밖에 없어 주택을 신축하는 데는 별로 도움을 줄 수 없었다.

매일, 매일 해결해야 할 수 많은 난제들이 있을 때에도 홀로 기도 드리면서 의연하게 대처해 준 기도의 동역자이며 영월한 동반자인 아내에게 참으로 감사했다. 주택을 신축하는 데 주변의 소음과 비산 먼지로 인한 민원이며, 때로는 시공자와 각종 자재 사용과 비용의 지급 등의 갈등으로 많은 문제가 있을 때마다 기도해 주시는 목사님과 성도들은 물론이고 형제들에게도 감사했다.

예수님이 이름으로 시작한 주택신축공사가 하나님의 축복 가운데 7월에 완공되었다. 이젠 모든 것이 정리되었으니 신축 주택에 입주할 수 있게 되었다. 이를 통해 하나님께 영광을 돌릴 수 있어 무엇보다도 기뻤다.

나의 힘이 되신 여호와를 찾아 하늘로

아직 예수께서 말씀하실 때에 회당장의 집에서 사
람들이 와서 회당장에게 이르되 당신의 딸이 죽었
나이다. 어찌하여 선생을 더 괴롭게 하나이까, 예
수께서 그 하는 말을 곁에서 들으시고, 회당장에
게 이르시되 두려워하지 말고 믿기만 하라 하시
고, 베드로와 야고보와 야고보의 형제 요한 외에
아무도 따라옴을 허락하지 아니하시고, 회당장의
집에 함께 가사 떠드는 것과 사람들이 울며 심히
통곡함을 보시고, 들어가서 그들에게 이르시되,
너희가 어찌하여 떠들며 우느냐, 이 아이가 죽은
것이 아니라 잔다 하시니 그들이 비웃더라. 예수
께서 그들을 다 내보내신 후에 아이의 부모와 또
자기와 함께 한 자들을 데리시고, 아이 있는 곳에
들어 가사 그 아이의 손을 잡고 이르시되, 달리다
굼 하시니 번역하면 곧 내가 네게 말하노니 소녀
야 일어나라 하심이라. (막5:35-41)』

19

⋮

다
치료되었다

「주님, 아들의 목에 생선가시가 걸렸나이다」

돈이 메말랐다

극심한 돈 가뭄이 왔다.

돈 가뭄이 심해 우리가정 화평의 땅이 타들어 가고 있다

가뭄을 해갈할 돈(money) 단비는 언제 내릴런지

돈(money) 단비를 내릴 하늘의 돈 구름이 몰려오기를 기도 한다.

온통 사무치고 있는 돈 구름이 언제 올지 기다리고 있는 그리움 뿐이다.

깊게 갈라진 돈 가뭄의 상처를 언제 씻어낼 수 있을까.

돈 폭우와 긴 장마를 기다리는 마음에 수심만 가득하다.

주님의 말씀이라 믿고 겁없이 수행한 강화도 온천개발이며, 장로에게 주택 신축과 관련하여 돈을 지급한 것, 시유지 불하문제는 주님 이름으로 한다면 풀릴 것이라고 믿고 행정소송을 수행한 것을 해결할 수 없어, 나 홀로 돈의 고통과 번민의 큰 짐을 지고 시작한 1994년이다.

캄캄한 인생길을 홀로 가는 인생이라 생각하니 한 없이 눈물이 흐른다. 시도 때도 없이 눈물이 나오니 어떻게 하랴? 주님이 주신 믿음으로 일을 추진했건만! 저질러 놓은 일 마다 왜 이리 문제가 생겨 순조롭게 해결되지 않을까? 회한의 눈물을 남 몰래 흘리고 있었다.

주님은 근심하고 염려하지 말라고 했는데 쌓여만 빚더미를 바라볼 수 밖에 없다. 나의 판단으로 저질러 놓은 일을 일들을 누구에게 말을 한들 무슨 소용이 있을까? 한 달 동안 열심히 일을 하여 지급받은 월급은 이자 내고 생활비를 써 버리면 그 만이라. 가족에게 미안하다.

깊이 생각도 해보지 않고 면밀한 검토도 없이 오직 믿음으로 저질러 놓은 일들이 하나하나가 빚으로 쌓여만 갔다. 아주 작은 믿음! 오직 믿음은 바라본 것의 실상이요 보이지 않은 것들의 증거라 생각하고 했건만 하는 것 마다 빚더미로 쌓여만 가서 고통과 한숨에 짐이 되었다. 내가 앞을 보아도 주님은 보이지 않고 뒤로 보아도 계시지 않는다, 그가 내 우편에 시계시나 내가 만날 수 없고 그가 내 좌편에 계시도 뵐 수가 없다.

나의 힘이 되신 여호와는 지금 어디에 계시나이까?

잠잠치 마옵시고 오시옵소서.
아들의 형편을 보시고 도우소서.
하나님아버지시여 도우소서.

매일 한없는 자괴감으로 보내고 있으니 이 어찌 통단할 일이 않으리오.

여호와는 환난 날에 나를 부르라. 내가 나를 건지리니 네가 나를 영화롭게 하리로다(시 50:15)말씀하셨으니, 여호와가 잠잠하실지라도 좌절하게나 실망하지 않으련다. 여호와가 나의 가는 갈 길을 아시고 계시니 말이다.

오늘 새벽의 출근시간에 한강철교 위를 달리는 열차 안에서 한강을 바라본다. 유유히 흐르는 저 한강은 나의 마음을 아는 지 모르는 지! 차가운 겨울바람만이 내 볼을 스치고 있다.

새벽녘에 세차게 불어오는 겨울바람은 온몸으로 맞이하며 오늘도 일과 씨름하여야 한다. 시청사, 혜화동 공관, 체육회 별관, 이대앞 별관, 이곳 저곳에 있는 체육선수단 숙소 건물의 겨울철 난방시설을 관리해야 하는 일들이 왜 이리 많은지? 시민들이 모르는 시설들이 많다. 시청에서 관리하는 건물들이 많아 직원들과 함께 이곳으로 저곳으로 오늘도 뛰어야 한다. 바쁘게 뛰어 다니다 보면 점심을 거르는 일이 많다.

총무과 직원에게 무료로 주는 점심마저 놓치고 있다. 1994년 1월 12일도 점심시간을 지나치고 오후 3시경 청사 인근에 있는 포항제철(주) 건물 지하식당에서 라면으로 점심을 대신했다. 많은 공공청사 이곳으로 저곳으로 찾아 일처리를 하고 저녁이 되면 몸은 이미 지쳐 버린다.

사무실에 쌓여 있는 행정서류 처리는 저녁시간에 해야 한다. 속도 모른 직원들은 낮에 어디 가서 놀다가 저녁시간만 되면 나타나 일하는 것처럼 한다고 말하곤 한다. 오늘은 사무실에 밀려 있는 서류를 정리하고 퇴근하여 집에 가서 식사를 해야지 마음먹고 아내에게 전화했다.

저녁식사를 거른 채 세차게 불어오는 겨울바람을 맞으며 집에 돌아오니 밤 9시가 되었다. 집에 있는 아내도 내가 측은히 보였나 보다. 내가 겁 없이 믿음으로 한답시고 저질러 여러 가지 일 때문에 물질에 빚이 쌓여 있어 밉기는 하지만 그래도 측은히 보였나 보다. 웬일인지 그동안 보지 못한 식사메뉴가 상위에 올라와 있었다.

이 못난 남편 때문에 몸도 마음도 지쳐 있는 아내에게 미안하고 감사했다. 어어! 조기처럼 생긴 생선을 해 놓았네. 빙그레 웃으면서 고맙다는 말을 하고 맛있게 먹었다. 너무 오랜만에 집에서 먹어본 생선이라 가시가 그만 목에 걸리고 말았다. 대부분 생선에는 비린내를 나는 데 그날은 생선에 비린내도 전혀 느끼지 못했다.

저녁 늦은 시간이라 배가 너무 고파 허겁지겁 식사를 하다가 보니 그만 그렇게 되었다. 목에 걸린 가시를 넘겨 버리려고 김치를 먹어 보고 물을 삼켜보고 여러 가지를 다해 보아도 도무지 되지 않았다.

당시는 총무과 직원들에게는 매일 새벽 7시 이전에 출근하여 저녁 늦게 퇴근하기 때문에 모든 식사는 시청 구내식당에서 제공되었다. 다음날 목에 걸려 있는 생선가시를 제거하지 못한 채로 출근했다.

마침 구내식당에서 아침식사로 육개장이 제공되었다. 이를 통해 목에 걸려 있는 생선가시를 넘겨버릴 생각으로 먹어 보았다. 또 김치를 많이 먹어 보아도 넘어 가지 않고, 야채를 많이 먹어 보아도 도무지 넘어 가지 않는다.

하루가 가고 이틀이 가도록 가시가 넘어 가지 않는다. 목은 불편함이 여전했지만 이제는 오기가 생겼다. 아내는 자꾸만 이비인후과에 가보라는 것이다. 아니다 나는 반드시 빼어 내던가 아니면 넘겨 버리든가 굳은 마음을 가지고 버티고 있었다.

물론 병원을 가기 싫어하는 성격 때문이기도 하다. 신년(94년) 대통령께 서울시 업무보고가 2월 7일경으로 일정이 잡혀 있어 하루하루가 너무 바빠서 정신없이 보냈던 것 같다. 이틀째 되는 저녁때가 되어 너무 고생하는 직원들을 위해 한상열 계장이 저녁 식사를 하자는 것이다.

인근에 있는 식당에 가서 저녁식사를 삼겹살을 먹자는 것이다.

"메뉴를 바꾸면 안 되나요?"

메뉴를 바꿀 수 없는지 계장에게 물었다. 그가 왜 그러느냐고 묻는다. 목에 걸려 있는 가시를 제거하기 위해 서라고 말했다. 직원간에 저녁 식사메뉴를 정하지 못해 나중에 하기로 하고 집으로 돌아왔다.

이틀 동안 목에 가시가 있으니 너무 불편하고 식사하기에도 몹시 따끔거리고 있어 불편이 이만 저만이 아니었다.

이제 목에 걸린 가시가 오늘밤까지 없어지지 않으면 내일(3일째)은 이비인후과를 가든 어떤 다른 방법을 동원해서 가시를 제거할 생각을 하고 저녁식사를 하는 둥 마는 둥하고 잠자리에 들었다. 잠자리에 계속 따끔거리는 목에 가시를 가지고 잠자리에 들기 전 주님께 간절히 기도드렸다. 주님 아들의 기도를 들어 주시어 치료해 주소서. 1994년 1월 14일 새벽 04시경이다. 주님의 음성이다. 할렐루야

『다 치료되었다』

새벽미명이라 무잇이 치료뇌었다는 것인 지? 잠결이라 순간은 멍했다. 도대체 무엇이 치료되었다는 말씀일 까? 이 순간 목을 만져 보며 침을 삼키어 보았다.

그런데 어제 잠자리 들기 전까지 있었던 생선 가시가 사라진 것이다. 어! 이상하다. 괜찮네. 참으로 신기하고 이상했다. 또한 너무 감사했다. 주님은 살아계시고 아들의 아픔을 아시고 계시다니 너무도 감사하고 감사했다.

사람들은 목에 걸린 하찮은 생선가시가 없어지는 것이 무엇이 그렇게 대단한 일이라고 생각할 런지 모르지만, 나는 주님이 아들의 아픔을 아시고 계시며, 아들이 처해 있는 현실을 보시고 계신다는

것을 생각하니 너무너무 감사했다. 아들이 어려움을 해결하시기 위해 지금도 일하고 계실 것이라고 생각하니 한없는 감사와 천하를 다 얻는 것보다 더 큰 기쁨을 얻었다. 이 기쁨을 무엇과 비교하며 하나님께 어떻게 영광을 돌려야 할지?

이 아들의 생사화복을 주관하고 계시는 전지전능하신 아버지 하나님께 세세 무궁토록 영광이 있으시기를 기도하고 감사한다.

또한 귀하신 주님이 항상 함께 하시니 내가 무엇이 두렵고 무엇을 염려하리요.

『캄캄한 인생길 홀로 걸어가다
지치고 고난하여 내 영혼 깊은 잠이 들었었네
어두운 죄악에 길을 걸어가다 상하고 찢기워
내 영혼 깊은 잠이 들었었네
내 영혼 어둠에 방황 할 때
어디선가 들려오는 주님음성
깨어라 일어나라 달리다굼 일어나라
일어나라 죄악의 잠자던 영혼아
달리다굼 깨어라 일어나 걸어라
어둠은 물러가고 새날이 다가오네
주님 오실 날 멀잖았네
어둠속에 잠자던 영혼 일어나라 일어나 걸으라
달리다굼 일어나라
주님을 떠나서 세상을 향해 맘대로 고집하며

내 영혼 먼 곳으로 나갔었네
인생의 어려움 절망가운데 눈물과 한숨과
내 영혼 슬픔속에 잠이 드네
주님을 떠나가서 방황할 때
어디선가 들려오는 주님음성
깨어라 일어나라 달리다굼
일어나라 일어나라
죄악의 잠자던 영혼아 달리다굼
깨어라 일어나 걸어라
어둠은 물러가고 새날이 다가오네
주님 오실 날 멀잖았네
어둠속에 잠자던 영혼 일어나라
일어나 걸으라 달리다굼 일어나라 달리다굼 일어나라
(복음성가 달리다굼 옮김)

▍삼풍백화점 붕괴현장

20

⋮

백화점이 붕괴한 그 現場

세상에서는 환난을 당하나 담대하라 내가 세상을 이기었노라 하시니라(요 16:33)

따르릉 따르릉 따르릉 서초구청 7층 산업과 사무실에 계속 전화벨이 울리고 있다. 종일토록 관내 민원인 방문 상담과 처리하고 사무실에 있는 에너지관련 서류를 정리하고 마무리 하는 이 시간에 무슨 전화벨이 계속 울리고 있는가? 직원들은 전화벨 3회 이전에 반드시 전화를 받아야 되는 데 평상시 보다 몇 번 더 전화벨이 울렸는데도 누구도 받지 않았던 것 같다.

어느 직원이 전화를 받아 계장인 나에게 돌려두었다.

“예. 전화 받았습니다.”

자초지종도 묻지 않고, 당신들 정신이 있는 사람들이냐는 것이다. 순간 당황스럽기도 하고 기분도 별로 유쾌하지 않아 누구신데 그렇게 말씀하시냐고 했더니 삼풍백화점이 무너졌다는 것이다.

“무슨 삼풍백화점이 무너졌습니까? 무슨 말씀을 그렇게 하십니까?”

“이 사람들이 정신 있어 없어. 삼풍백화점이 무너졌다니까.”

“무슨 삼풍백화점이, 왜 백화점이 무너져요?”

“이 사람들 참 한가 하네.”

“누구신데 그런 전화를 합니까?“

“그선 알면 무엇해요? 나 기자요.”

한동안 오고가는 전화 대화에서 언쟁이 되었다. 사실 서초구로 발령을 받은 지 한 달 정도 되어 아직 관내의 주요 연료를 사용하는 시설물을 다 파악하지 못해 삼풍백화점이 어디에 있는지 알지 못했다. 물론 고급 백화점이라는 것을 익히 들어 왔지만 위치는 정확히 파악하지 못하고 있었다.

기자와 한동안 입씨름을 하고 TV를 켜보라는 한 마디에 TV를 키는 순간에 뉴스속보로 삼풍백화점 붕괴되었다는 속보가 계속되고 있었다. 그 붕괴 원인은 도시가스 폭발이라는 것이다. 그때의 시간이 1995년 6월 29일 17시 55분이었다.

참으로 어처구니없게 대형백화점이 무너지다니 어안이 벙벙했다. 도무지 상식적으로 납득이 되지 않았다. 그것도 붕괴 원인이 도시가스폭발이라니 이게 도대체 어떻게 된 것인지?

직원들은 퇴근시간이 다 되었기에 우왕좌왕하고 있을 때, 우선 담당을 하고 있는 계장으로서 보고순서에 따라 과장과 국장에게 먼저 보고를 해야 했다. 공무원은 보고가 생명이기 때문에 과장은 자리에 없었고 국장에게 먼저 보고를 하고 현장으로 담당과 함께 출발했다.

3호선 양재역에서 교대역으로 향하고 있는 지하철에서 도무지 어떻게 백화점이 붕괴되었단 말이지, 계속해서 이해되지 않는 마음을 다스리지 못하고 교대역에 도착했다. 교대역 밖으로 나왔는데 길을 걸은 사람들은 별다른 모습이 보이지도 않았으며, 특이한 동향도 파악할 수 없었다. 길가의 사람들은 붕괴된 삼풍백화점을 모르고 있는 것 같았다.

백화점 앞에 다다랐을 때에도 붕괴가 된 것인지 잘 몰랐다. 앞면은 그대로 있고 뒷면 본 건물이 붕괴되었기 때문이다. 주차장 앞에는 자동차가 몇 대 주차해 있고 전면을 나오는 몇 몇 사람들이 물건을 가지고 나오고 있었다.

그들이 물건을 구입해서 들고 나오는지 아니면 그냥 들고 나오는지 알 수는 없지만, 남자 몇 명과 여성들이 물건을 들고 나오는 것을 보았다. 얼굴에는 당황한 모습들이 역력하고 일부는 먼지에 덮혀 있는 사람도 보였다.

　주차장을 통해 앞 건물을 지나 뒤편으로 돌아가보니 완전히 건물 자체가 내려 앉아 형체를 알아볼 수 없을 정도로 붕괴되어 있었다. 붕괴의 원인은 알 수 없지만 폭약을 사용하여 폭파한 것처럼 도무지 이해를 할 수 없는 모습으로 주저앉았다.

　완전히 붕괴된 그곳에서는 어떤 부상자도 보지 못했다. 하늘이 슬픔을 참지 못해 울기라도 하듯이 비가 한 방울, 한 방울 떨어지기 시작하더니 더 많은 비가 내리고 있어, 우산도 없이 급하게 현장을 나갔기에 허둥지둥하다가 사법연수원에 있는 공중전화를 찾아 보고를 할 수 있었다.

　백화점이 붕괴되었다는 것을 현장을 확인하고 파악은 되었지만, 붕괴 원인이 무엇일까, 도무지 알 수는 없었다.

　붕괴의원인에 따라 엄청난 파급사항이 발생할 것이기에 걱정은 되었다. 사실, 연료계장으로 발령을 받은 지가 얼마 되지 않았기에 아직 도시가스(LNG)와 프로판(LPG)가스에 대해 구별할 수 없었지만 도시가스는 분명히 냄새가 있다는 것을 알고 있었기 도시가스 사고는 아니라고 생각하고 있었다. 수많은 고객들이 백화점을 찾았을 터인데 그 많은 이들이 가스냄새를 맡지 못했다는 것은 있을 수 없는 일이기 때문이다.

　유선보고를 하고 사무실로 들어왔다. 관내에서 대형사고가 났으니 이에 대한 사고대책본부설치와 같은 많은 일들을 해야 하기에 그날부터 철야근무에 들어갔다. 백화점을 관리하는 주무부서는 산업과이기에 붕괴 원인이 어떻게 나오든 산업과 에서 많은 일들을 해야한다.

사람이 참으로 연약해서 붕괴 원인에 대해 계속해서 관심을 갖게되고 처음에는 도시가스 폭발이라고 보도가 되었는데 서서히 건축물의 부실로 방향이 선회되고 있었다. 사무실에서 잠시 대기하다가삼풍백화점으로 왔을 때는 백화점에 근무하는 가족들의 발걸음이이어지고 한없는 슬픔과 애통함이 이어지고 있었다. 공무원으로 붕괴현장에 있는 것이 너무 당황스럽고 사람을 대하기가 두렵기도 했다. 현장에 오는 이마다 울부짖으며 안타까운 소식을 전하는 그들을감당할 수 없었다. 하늘에는 부슬비가 내리고 대기 사무실도 없는곳에 벌써 많은 사람들이 현장으로 몰려오고 있었다,. 이미 소방서직원과 경찰이 출동하여 붕괴현장에 접근을 통제하고 있었다.

그러나 백화점에서 근무하는 직원들의 모습을 전혀 볼 수 없다. 현장에서 서성이는 누구에게도 현장에 자세한 사정에 대해 물어 볼 수도 사람도 없었다.

가족이라 말하는 그들에게 어떠한 위로의 말을 함부로 할 수도 없었다. 관계자라고 하면 봉변을 당할 수도 있고, 공무원이라 할 수 없었다. 밤이 새도록 계속된 현장보호와 정리가 있었고, 직원들의 일부는 사무실에서 대기하고 현장을 오고가면서 내일부터 있을 수습대책을 어떻게 효율적으로 할 것인지 방안을 강구하고 있었다.

하루, 하루 시간이 가면서 붕괴 원인은 건물의 부실공사로 판명되었고 구청사무실과 백화점 붕괴현장과 대방동 집으로 이어지는 고난의 시간들이 시작되었다. 경찰에서는 부실공사에 대한 수사가 진행되고 현장에는 수습을 위한 각종방안들이 서울시와 서초구청이 함께 수립하고 있었다.

서울시에서는 1994년 10월 21일에 성수대교 붕괴사고로 인한 상처를 아직 완전하게 치유하기에 어려움이 있어 더 많은 시간이 필요했고 이 여파로 잇따라 서울시장이 사임하는 초유의 사태가 발생했다. 이에 실시된 서울시장 선거에서 조순 후보를 1995년 6월 28일 낭선사로 발표했다. 이에 따른 주요인사의 방문이 계속되고 각 언론사 취재협장의 협조와 수습에 따른 업무누적으로 하루하루가 어떻게 지나가는 모를 지경이었다.

구청의 사무실에는 낮에는 정상적인 업무처리를 하고 대기하면서 바닥에 압축 스티로폴로 잠시 눈을 붙이고 24시간 교대근무를 했다.

삼풍백화점 붕괴 현장, 구청사무실과 교대 강당 근무로 이어지는 근무에 몸은 몹시 힘들었지만 희생된 사람들과 그들의 가족 슬픔을 생각하면서 하루하루를 보냈던 것 같다.

삼풍 현장사무실에 근무할 때의 일이다. 사고가 나고 며칠이 지나면서 사고 수습대책본부가 설치되고 하루하루 돌아가면서 근무를 하는 데 새벽녘에 걸려온 한 통화의 전화가 기억에 남는다. 붕괴사고가 발생한 지 4일 즈음 되었을 때였다. 새벽 4시경에 전화벨이 계속 울리고 있었다.

"여보세요?"

중년 여성의 목소리인데 계속 울고 있었다.

"말씀을 하세요."

"여기가 마산인데요. 우리 아들이 작년 서울에 갔는데 아직까지 소식이 없어요. 아들에게 연락을 하려고 그동안 수소문을 해 보았지만 찾을 수가 없었어요."

누구의 말을 들으니 서초동 어디에 있다는 소식은 들었는데 곰곰이 생각해보니 백화점에서 희생된 것 아닌가 생각한다는 것이다.

"왜 그렇게 생각하십니까?"

며칠을 두고 계속적으로 그 쪽으로 마음이 자꾸만 그렇게 간다는 것이다. 그러니 희생자 명단에 포함시켜달라는 것이다. 이 꼭두새벽에 잠도 자지 않고 울면서 계속 포함시켜달라고 떼를 썼다. 저희들은 그렇게 마음이 간다고 해서 희생자 명부에 포함 접수할 수 없다고 설득을 했지만 도무지 막무가내로 이제는 울면서 소리를 지르며 윽박지르고 했던 그 사람의 목소리가 귓전에 생생이 들리는 것 같다.

현장 근무자들의 근무 수칙은 어떤 경우에도 성질을 내면 안 되며,

전화는 최대한 빨리 받고 전화 한 사람들의 마음을 헤아릴 줄 알아 상대가 어떤 전화를 하더라고 참아내어야 했다. 어떠한 경우에도 현장 근무자를 배려하지 않기 때문이다.

현장에서는 건물 잔해를 정리하기 위한 작업이 계속되고 있었다. 희생자들의 유해와 함께 잔해물이 섞어 있어 이를 두고 유가족과 현장수습대책본부와 갈등이 지속되고 있었다. 건물 잔해물을 반출 운반하다 중단되고 또 다시 지속되는 것이 반복되고 있었다. 현장에 LPG가스통이 등장하여 불을 지피어 터트리고 현장사무실 직원 책상은 수시로 발로 차여 견디어 내기 어려운 실정이었다. 그분들의 안타까운 현실을 어떻게 말로 다할 수 있으리...

현장 사무실을 교육대학으로 일부 옮겨 사고수습을 효과적으로 하기 위해 구청인력이 너 낳이 부입되었다. 건물의 잔해물과 함께 각종 폐기물은 마포구 상암동 난지도쓰레기매립지로 운반되었다. 서초동 현장에 있는 잔해물이 거의 난지도로 운반이 될 무렵에 마포구 난지도 쓰레기 매립장 꼭대기에 임시 천막 사무실을 설치했다.

난지도 꼭대기 천막에 일주일을 주야로 근무하였던 모든 것들이 안타까운 지난날의 역사이다. 당시의 사고현장 어느 곳을 가더라도 슬픔과 비탄으로 가득한 그때를 돌이켜 보면 안타깝기 그지없다. 절대 있어서는 안 되는 사고로 인해 슬퍼할 그분들을 생각하면 지금도 잠이 오지 않는다. 너무 너무 가슴이 아프다.

당시에, 국내 많은 언론사 보도가 있었지만 유독 국민일보에 기고
된 白和鍾 님 칼럼이 생각난다.

『미물도...
사람으로 태어난 것이 슬펐다. 건물이 무너진다는 보고를 받고 간부들
만 빠져 나가다니. 1천명이 넘는 고객과 밑의 종업원들은 내팽개쳐 둔
채.
부실공사는 그렇다고 억지를 부린다 하자. 무너지지 않는다는 보장이
있어야 공사를 마치는 외국과 달리 재수가 좋으면 안 무너질 수도 있다
는 가능성만 보이면 공사를 마치는 게 우리들의 부끄러운 관행이니까.
관리소홀도 그렇다고 치자 나중에야 어찌되든 당장 못쓸 정도가 아니
면 돈 들이면 귀찮은 일 하지 않으려는 게 우리들의 몸에 밴 타성이니
까. 그러나 건물이 무너진다는데 자기들만 도망을 칠 수 있다는 말인
가. 미물들도 위험이 닥치면 경고를 보내는데. 어쩌면 사람이기 때문에
미믈들도 발휘하는 그 본능을 발휘하지 않고 저 혼자 살겠다고 그 추악
함을 보여줬는지도 모른다는 생각에 사람으로 태어난 것이 슬펐다.
 사람이기에,
사람으로 태어난 것이 기뻤다. 철근 절단이 필요하다는 방송에 병상을
빠져나와 구조작업을 하다 실신해 병원으로 다시 후송됐다는 어느 용
접공의 얘기, 자기들이 도움이 될까 해서 막장에서 달려왔다는 강원도
광원들의 얘기는 눈물이 나도록 고마웠다. 자신이 매몰돼 또 다른 희생
자가 될 수도 있다는 위험속에서 생존자의 신음소리나마 찾기 위해 금
방이라도 무너져 내릴 것 같은 콘크리트 더미 사이를 헤집는 구조대원
의 모습에서 숭고한 사람의 모습을 볼 수 있었다. 가족곁으로 다시돌아
가야 한다는 일념으로 서로 격려하며 오줌과 빗물로 연명하다가 52시
간만에 구조된 미화원들의 사투는 어떤 드라마보다도 드라마틱했다.

사경을 헤매면서도 자신의 직장 책상서랍에 저금통장이 있으니 찾아서 어머니와 어린자식들을 잘 봉양하라는 유언을 부인에게 전해달라는 어느교사 얘기는 가족이 무엇인가를 다시 생각게 해줬다. 이 모든 것들이 미물의 세계에서는 있을 수 없고 인간세계에서만 가능하다는 생각에 사람으로 태어난 것이 기뻤다.

내가 바로 저 사람

다른 사람은 죽든 말든 혼자서 내빼는 저 간부들의 모습이 바로 나 일 수 있고 내 몸 돌보지 않고 다른 사람을 구하기 위해 사투를 벌이는 저 구조반원의 모습이 역시 바로 나일 수 있다. 미물만도 못한 저 추한 행동도 나의 것일 수 있고 미물들도 흉내도 내지 못할 저 숭고한 행동 또한 나의 것일 수 있다. 이번 삼풍백화점 붕괴사고는 사람이 얼마나 추해질 수 있는가와 또 사람이 얼마나 고귀한 존재가 될 수 있는 가를 동시에 극명하게 보여줬다. 이와 함께 극한 상황에서 나는 어떤 부류의 사람에 속할 것인가를 생각게 하는 사건이었다. 이번사고의 관련자들에게 재판과정에서 미필적 고의에 이한 살인협의기 없는지를 검토하기 전에 이번사고의 전과정을 담은 비디오테이프를 보여준뒤 자신들은 사람으로서 어떻게 생각하는 지를 물어봤으면 좋겠다.(국민일보 95.7 편집부국장 백화종)』

백화점 건물붕괴 현장에 서초구청 공무원으로 제일 먼저 갔었고 수습을 시작부터 전 과정을 보아왔던 나로서「나는 어디에 속한 사람인가, 나는?」를 깊이깊이 새기게 했던 백화종님의 칼럼을 지금도 잊지 못한다. 나는 어디에 속한 사람인가 나는.

당시에, 우리와 함께 근무했던 믿음이 신실한 직원이 있었다. 산업과는 관내 공산품 및 농산품 생산·판매·유통과 석유, 가스, 연탄, 전력 이와 관련된 관내 시설을 점검관리를 담당하고 있었다. 이에 백화점 관련된 업무도 우리 과에서 하고 있었다.

다시 상상하고 싶지도 않는 사고였지만 대형사고가 발생하면 대부분의 공직자들은 업무의 수행을 잘 잘못을 떠나 다양한 문제를 거론하면서 수사가 진행되고 이에 관련자를 입건하는 것이 보통이 모습이다. 항상 주의 법을 지키려고 노력하며 말씀에 온전히 서서 공직을 수행하려는 모습이 있었다. 그는 어떠한 경우에도 크신 주님을 바라보며 꿋꿋이 공직 수행을 했다고 했다.

작은 것에 현혹되지 않고 언제나 주님의 사랑을 바라보며 공직을 수행해 왔던 직원은 많은 관련자들이 문책을 받은 가운데도 그 직원만은 큰 어려움이 없이 마무리를 했다. 우리는 어떤 사유로든 백화점이 붕괴되어 이 일로 인해 많은 사람들이 희생되었고 그와 함께한 가족들은 말로 표현할 수 없는 고통을 겪었고 지금도 겪고 있을 수도 있다.

어리석은 자여 오늘 밤에 네 영혼을 도로 찾으리니 그러면 네 준비한 것이 누구의 것이 되겠느냐 하셨으니 자기를 위하여 재물을 쌓아 두고 하나님께 대하여 부요하지 못한 자가 이와 같으니라"(눅 12:20-21

　우리가 살아가는 이 세상이 모든 것이 다 인줄 알고 살아간다. 나는 여기에서 이 세상을 살아가는 모든 사람들에게 같은 질문을 하고자 한다. 풍요롭고 행복한 삶을 살고 있느냐고, 아니면 가진 것이 없어 불행한 삶을 살고 있느냐고 말이다.

　사실, 삼풍백화점은 강남에서도 고급 브랜드를 취급하여 돈 많은 사람들이 드나들던 백화점이라고 했다. 당시에, 사고가 발생하고 신고를 받고 처음 백화점 주차장에 도착했을 때 백화점에서 나오는 어떤 남성은 골프채를 들고, 어떤 여성은 옷가지를 들고 나오는 것을 보았다.

　고급이고 귀족이면 무슨 소용이 있겠는가?

　우리의 생명은 하늘에 있어 언제 어디서 어떻게 될 줄 누가 알겠는가? 당시에, 많은 사회적인 비판을 받아온 그들, 소유자들도 있었지만 그들 또한 이 세상을 함께 살아가는 우리 형제이기에 그 고난 세월을 견디기에는 많은 어려움이 있었으라. 세상에 살다보면 이런 일도 있다지만 하루아침에 상황이 급반전되는 것을 어떻게 감당할 수 있었으라.

분명한 것은 세상에서 물질을 부요를 추구하여 부자가 되어 빌딩을 몇 개씩 가지고 있다 해도 오늘 저녁 내 목숨하나 잃으면 무슨 유익이 있겠는가? 우리는 믿는 자는 주위를 항상 살피어 영혼 구원의 시급성을 인식하고 주님이 명하신 것을 실천해야 하며, 그것은 네 일이 아니고 내 일임을 마음에 깊이 새겨야 야 할 것이다.

육신의 양식이 되는 곡식은 넉달이 지나든 다섯달이 지나든 거두는 때가 따로 있지만, 영혼을 거두어들이는 때는 항상 시급하다. 희어져 추수하게 되었다는 것은 곡식이 웬만큼 익으면 누렇게 황금빛이 되어 추수 때가 지나면 하얀 빛이 된다. 이렇게 희어졌는데도 빨리 서둘러 곡식을 거두어들이지 않으면 땅에 떨어져 썩어 버린다. 이와 같이 영의 눈을 들어 영혼의 밭을 바라보면서 희어져 곧 떨어져 멸망하게 된다는 것을 깨달아 영혼의 구원을 서둘러야 한다.

전도해서 잃어버린 영혼을 구하는 일을 보다 중요하고 더 시급한 일이 없기 때문에 때를 얻든지, 못 얻든지 항상 힘써야 한다. 곡식이 희어져 곧 떨어지면 거두어들일 수 없게 된 것처럼 잃어버린 영혼을 그대로 두면 쉼 없는 불의 고통을 영원히 받게 될 것을 생각해 보라. 일찍 성령의 뜨거운 은혜를 받은 사람은 모두 시급하게 영혼구원에 힘써야 한다.

존 웨슬리 목사님은 「언제 어디서나 예수 믿고 구원을 받으라고」

전도했고, 세계는 「나의 교구다」라고 외치면서 쉬지 않고 전도했으며 후에 감리교 창시자가 되었다.

레일 리가 헤밀톤에서 부흥회를 인도하는 중에 한 젊은이가 일어나 간증하는 데 타이타닉호가 빙산에 부딪쳐 침몰할 때에 존 하퍼 목사님이 침몰하는 배의 레일을 붙잡고 저에게 「청년 구원받았소?」라고 묻길래 「아니오」라고 대답했다. 그랬더니 「예수 그리스도를 믿으시오 그러면 구원을 받습니다」라고 말씀하시고 잠시 후 물 밑으로 가라앉았다 한다. 나는 존 하퍼 목사님의 마지막 전도를 받고 구원받은 사람입니다」 간증했다.

영혼의 구원이 얼마나 시급하고 중요하게 생각했으면 배가 침몰하여 죽은 순간까지도 전도했겠는가? 이것이 진정 거듭난 성도의 삶이이어야 한다. 우리 인생은 한치 앞도 내다 볼 수 없어 주위에 많은 영혼구원의 기회를 잃어버리면 영원히 오지 않는 다는 것을 깊이 인식하고 서둘려야 할 때다. 그것은 미래가 아니고 지금이며 당신의 해야 할 일이 아니고 내가 행동으로 옮겨야 할 때임을 깊이깊이 새겨야 이유이다.

女子 집사가 행복한 교회 건축하기

내가 참으로 주를 위하여 계실 전을 건축하였사오니 주께서 영원히 거하실 처소로소이다 하고(왕상8:13)

우리나라 교회는 100여 년의 짧은 역사에도 비약적인 발전을 거듭해 왔다. 그동안 교회가 부흥하고 성장할 수 있었던 것은 하나님의 전적인 계획과 은혜에 의해 가능했다. 세계의 최대 교회로 성장한 여의도순복음교회를 비롯한 많은 대형교회들이 전국에 있다. 이렇게 대형교회로 성장시킨 하나님의 크신 은혜를 그 무엇으로 감사와 영광을 돌릴 수 있으리까?

　한국교회가 이렇게 비약적으로 부흥 성장할 수 있었던 것은 헤아리 수 없이 많은 기도용사들의 눈물로 얼룩진 기도와 성도들의 한없는 헌신이 있었기에 가능했을 것이다. 70년부터 80년, 90년을 거치면서 폭발적으로 늘어난 성도들이 예배를 드릴 수 교회를 건설하여 왔다.

　전국에는 수 만개의 교회가 있다. 아직도 자립하지 못한 많은 교회들이 건물을 임대하여 사용하고 있다. 또 다른 많은 교회들은 건물을 신축을 하여 사용하고 있거나 기도로 준비하고 있을 것이다.

　교회 건축을 준비하고 많은 교회들은 앞으로 신축할 때와 보수할 때 이러한 것늘을 깊이 검토하기 바란다. 이렇게 검토 시행하면 준공 후 시설 이용에 대한 불편함을 많이 줄 일 수 있다. 또한 시행착오로 인한 공사비를 줄일 수 있으며, 이를 이용하는 성도들이 편안하게 사용하는 데 많은 도움이 될 것이다. 또한 교회 재정의 효율적인 운용적인 면에서도 크게 도움이 될 것이므로 이를 간과하지 않도록 보다 면밀한 검토가 있으면 한다. 혹시 다음에 제시한 내용이 아주 특별한 사항이 아닐 수 도 있으니 많은 이해 있길 부탁한다. 여기에서도 가장 중요하고 우선시 되어야 할 것은 하나님께 가장 먼저 기도 드릴 것은 언급할 필요도 없겠다.

　할렐루야.

첫째, 먼저 교회 발전에 대한 미션과 비전을 종합적으로 검토하고 수립하는 것이 대 전제 되어야 한다. 사실 이것은 일반사회에서 건축하는데도 마찬가지 이지만 특히 하나님을 모시고 예배를 드리는 교회를 건축하기 위함이니 더욱 더 세밀한 검토가 있어야 하겠다.

이제는 막연히 기도하면 되지 하는 정도로 생각하면 안 되며, 이는 하나님이 원하시는 바도 아닐 것이며 시대적인 사회 환경변화에도 부응하지 못하는 것이라 할 것이다.

현재도 일부 교회들에서는 이에 대한 아주 세밀한 검토와 계획 없이 대형 교회를 건축하여 시설운영에 많은 어려움이 있다는 의견도 있다는 것을 들었을 대 매우 아쉽게 생각했다.

둘째, 교회를 건축함에 있어 믿음에 크기에 따라 건물규모를 정하는 것은 적정할 수도 있다. 그러나 먼저 선행되어야 할 것은 건물의 크기를 먼저 정해 놓고 공간분할 계획을 수립할 것이 아니라,

먼저 우리 교회가 향후 어떤 종합계획에 의해 어느 정도 부흥과 발전을 함에 따라 어떤 공간이 어느 정도 규모가 필요할 지를 먼저 면밀히 검토한다. 이를 종합하여 가용 예산과 함께 건축계획을 종합 검토하여 추진하는 것이 바람직하다.

셋째, 교회건축을 하기 위해서는 교회부흥 발전계획에 따라 중장기적인 투자가능 예산계획이 면밀히 검토 수립되어야 한다.

넷째, 앞서 언급한 예산계획과 함께 건물의 규모가 정해지면 앞서 검토된 공간 활용계획에 따라 기본설계 시부터 공간별로 개략적인 설비를 어떻게 반영할 것인지도 함께 검토하는 것이 좋다. 왜냐하면 공간의 이용시간, 이용 빈도, 이용자연령대까지도 설비를 건축설계에 반영하는 것이 달라질 수 있기 때문이다.

다섯째, 공간계획 시 건물 내에 수익시설을 반영할 계획이 있다면 이 수익공간으로 주어진 공간이용을 어떻게 활용할지, 주변상권과 함께 면밀한 분석을 통해 운영 시 수익이 얼마나 발생할지와 운영방식(직영 · 위탁)은 어떻게 할 것인지 까지도 검토해야 한다. 왜냐하면 이에 대한 설비를 별도로 설계에 반영되어야 하기 때문이다.

여섯째, 공간을 구성할 때 가장 먼저 우선시 되어야 할 예배드릴 공간 구성은 말할 것도 없겠지만, 예배드릴 공간과 별도로 구역별 또는 단위별 소규모 모임과 회의를 할 수 있는 공간배치에도 함께 검토해야 한다. 마찬가지로 이용규모와 빈도에 따라 설비를 어떻게 설계에 어떻게 반영할 할 것인지가 같이 함께 검토되어야 한다.

일곱째, 교회건물이기에 수익시설을 도입하기는 제한적이기는 하겠지만 수익시설의 경우에도 수익을 창출하기 위한 층별 위치와 시설을 이용하는 자 편의를 하나하나 점검하여 고려하면 보다 많은 수익을 창출할 수 있어 건물을 유지하는데도 매우 유익한 결과를 얻을 수 있을 것이다.

- 건축공사 설계에 있어 토지와 공사와 관련된 각종 법률 적용은 설계를 담당하고 있는 건축사무소에서 종합적인 검토를 할 것이다.

- 기본적인 법률적용은 당연히 설계 시 설계사무소에서 검토 반영되겠지만 이와 별도로 면밀히 검토되어야 할 것은 향후 건물관리 및 운영을 위한 에너지이용 설비의 구획구성과 사회적 약자인 여성과 아동, 장애인 이용에 대한 편의성과 안전성 확보를 위한 방안이 강구되어야 한다.

「서울과 지방에 있는 두개 교회 남녀성도의 성비를 조사한바 서울은 38:62이고 지방은 40:60이라고 했다. 이 두 교회 뿐 아니라 대부분의 교회가 여성성도가 남성성도 보다 많기 때문에 이에 대한 면밀한 검토가 되어야 하고 설계 시에 반드시 반영되어야 한다.」

특히 여성성도가 일시에 시설이용을 많이 하기 때문에 예를 하나 든다면 남성과 여성의 화장실 이용시간 차이(差異)에 따른 여성화장실 면적을 검토하여 설계에 반영하여야 하며, 여성은 아동을 동반하는 경우가 많으므로 동반아동의 안전과 편의시설의 확충을 해야 된다. 건물에 여성과 아동 이용자가 많아지면 모든 것을 다 여기에서 나열할 수 없지만, 몇 가지 만 제시하면 정문 주 출입문 종류는 물론이고, 내부에 설치된 각종 문(門)의 종류와 열리고 닫히는 방향까지도 면밀하게 검토해야 한다. 또한 계단을 설치할 경우에는 계단 경사도와 재질이용과 계단외부와 안전을 어떻게 차단에 할 것인지에 대한 것도 함께 검토하여 설계 반영되어야 한다. 이외에도 이용 공간 별 냉난방설비와 전기설비도 함께 검토하여 건축설계 시에 반영해야 한다.

- 교회건물의 대형화 되면 될수록 향후 건물관리를 어떻게 할 것인지에 대한 종합적인 검토를 해야 한다. 건축물 외부 전면을 단열유리로 시공하고 나면 건물이 안정화하는 5년여 동안 누수가 있을 수도 있고, 건물 외부는 아름다우나 냉난방으로 인한 에너지비용이 대폭 확대되어 어려움을 겪을 수도 있다. 또한 그렇게 건축을 할 경우는 없다고 보지만 건물외부에 미관을 위한 페인팅을 해야 하는 건물로 짓는 다면 이건은 정말 안 된다. 매년 아니면 몇 년마다 외부 노색을 하기 위한 큰 비용을 충당해야 하기 때문이다.

- 큰 건축물일 경우 향후 설비의 유지관리를 어떻게 할 것인지에 대한 검토가 필요하다. 건축설계 시 활용 공간 확대만을 고려하여 기계·전기·통신의 설비의 설치를 위한 공동구를 너무 적게 해놓으면 급한 설비를 보수와 혹시 있을 비상시에 대처를 할 수 없다. 때로 아주 비좁은 공간에서 설비보수를 할 때 용접 등에 의한 화재가 발생하는 경우도 있기 때문에 각별한 주의가 필요하다.

- 건축공사 가용 예산이 많이 확보되어 있다면 중앙기계실에 설치한 설비는 건물 전체를 사용할 때 설비를 가동하면 원단위 분석에 의한 효율성면에서 가장 좋을 수 있다. 그러나 교회 건물을 일주

일 내내 계속해 사용하는 공간이 아니기 때문에 이에 대한 별도의
설비계획이 필요하다. 만약 어느 일정한 공간을 계속 활용할 필요
가 있는 공간이 있다면 그곳만을 위한 설비를 설치하면 가장 좋
다. 여기에도 검토가 필요한 것은 설비는 최초 건축설계 시 검토
가 되어 있지 않으면 추가설비를 설치함으로 인한 활용공간의 축
소와 추가공사비용이 소요된다는 것을 간과해선 안 된다.

• 기계설비와 전기설비 통신설비를 구축함에 있어 여기에 이용하는
열원을 무엇으로 할 것인지 검토되어야 한다. 서울과 지방은 좀
다를 수 있지만 해당지역에 맞게 검토되어 설계에 반영되어야한
다. 서울의 경우에는 가스와 전기열원으로 중심으로 냉난방에 공
급된 열원은 무엇으로 해야 될지 깊이 검토해야 한다. 왜냐하면
앞으로 이 지구상에 존재하는 모든 에너지원 고갈되어 인류가 어
려움을 겪을 날이 언제 올지 누가 알겠는가? 거창한 구호는 아니
더라도 에너지 이용으로 인한 비용의 증가는 불 보 듯 뻔하기 때
문이다.

• 앞서 건축설계 활용을 하기 위한 공간배치 시 수익시설이 있을 경
우에 운영방식을 잠시 언급했다. 설비구성에서 반드시 고려해야
할 것이 있다. 수익시설을 위탁을 고려한다면 각종 시설을 교회시
설과 분리하여 설치하는 것이 좋다. 다시 말해 수익시설에서 전기
와 수도를 사용함에 따라 별도 계량기 설치를 해야 한다. 물론 공
사비가 추가로 소요되겠지만 향후 위탁운영 시 수탁자와 공공요

금부과에 따른 다툼을 방지할 수 있기 때문이다.

- 혹시 옥상에 정원을 설치할 경우가 있다면 반드시 고려해야 할 것이 있다. 옥상정원은 삭막한 도시의 좁은 공간에서 심신을 달랠 수 있는 참으로 좋은 공간이다. 물론 권장할 만하다. 그러나 여기에서 가장 중요한 것은 방수를 아주 정밀하게 해야 한다. 왜냐하면 옥상에 심어 놓은 수종에 따라 나무뿌리가 옥상 방수층을 깰 수도 있기 때문이다. 특히 옥상 정원에는 지면과 같이 아주 깊이 있고 많은 토사를 확보할 수 없기 때문에 더욱 그렇다. 옥상에 수종은 키가 크면 돌풍 등에 아주 취약하기 때문에 이에 대한 아주 면밀한 검토와 대비가 필요하다.

다시 한번 강조하거니와 옥상 정원이 있는 건물에는 방수층에 한번 문제가 발생해 누수가 생기면 누수를 잡을 수 있는 방법은 옥상에 있는 모든 정원수를 옮기고 설치되어 있는 시설들을 철거해서 전체를 방수하기 전에는 누수를 잡기에는 많은 어려움이 있다. 사실 이렇게 하지 않으면 건물이 없어지지 않는 한 누수는 계속될 수 있다. 옥상에서 누수(물)가 있는 것은 아래층에 누수 되는 곳의 바로 상층부에서 누수 되지 않으며 그 물이 어디에서부터 누수 되어 새는 지 그 위치를 찾는 것이 매우 어렵다. 그러므로 옥상정원을 설치할 경우에는 특단의 방수를 대책을 세워야 하며 이렇게 하지 않으면 두고두고 건물관리에 어려움을 겪은 다는 것을 깊이 명심해야 한다.

- 교회 위치에 따라 공사시행시 주변으로부터 어떠한 민원이 발생이 예상되는지를 검토해야 한다. 또한 민원 발생시 어떻게 해결해야 할 것인지도 가정해 보는 것도 좋다. 또는 시공사에서 검토 하겠지만 소홀히 다루기 쉬운 공사차량 진출입 동선과 지하에 매설된 전력과 상수도, 가스설비와 주변으로부터 먼지와 공사 소음 등의 민원대책을 세워 시공사와 계약하기 전에 의견을 나누는 것도 좋을 듯싶다.

- 준공 이후에는 각종 예배와 행사시 소음대책은 물론이고, 차량이용자 증가에 따른 진입 동선 확보와 주차장 면적 확보도 함께 감안되어야 한다. 지금까지는 거의 소홀히 하여 왔던 교회시설에서 여성과 아동이 시설을 많이 이용함에 따른 편리하고 안전한 시설 이용을 위해 설비 하나라도 면밀하게 검토하여 반영해야 한다.

- 향후 교회 시설물에 대한 설치 시각도 근본적으로 변해야 한다. 시민들의 욕구가 엄청난 변화가 있어 무조건 참아야 한다는 그런 시각으로는 시대의 흐름에 동참할 수 없다.

- 앞서 출입문 설치와 문의 여닫이에 대해 잠시 언급했지만 이젠 여성도가 아이를 동반했을 때 이외에도 많은 것을 검토해야 한다. 각종 출입문의 형태(회전문, 여닫이문, 자동문)와 폭과, 통행 복도 폭이 유지되고 있는지, 통행하고 있는 공간의 주변시설로부터 간섭될 만한 것은 없는지와 그 바닥에 설치될 턱 높이와 거기에 사용할 자재의 재질이 적정한지, 천정과 벽 공간에 설치할 조명종류와 조도는 적정한 지, 천정과 벽 등에 설치할 시설물의 낙하로 인한 안전에는 문제가 없느지 검토한다.

  계단은 한단의 수직면과 디딤판 너비는 적정한지, 계단에 설치된 손잡이 재질과 굵기는 적정한지, 조명의 조도는 적정한지, 특히 사용할 바닥재질이 적정한지에 대해 검토한다. 승강기는 유모차가 내부에서 회전이 가능할 정도 넓이와 안전을 위해 비상벨과 CCTV, 수직과 수평 조작반을 설치해 누구나 조작이 가능하도록 한다.

  화장실은 男성도와 女성도의 성별 이용시간 차이와 성별 예배출석 빈도를 분석하여 부스와 변기를 설치해야 하고 프라이버시를 침해하지 않는 위치 선정, 설비 설치는 임산부와 육아를 동반을 포함한 모두 사용하기 편리한 도기류, 금구류, 조명기구를 검토하여 반영한다. 주차장은 임산부인 성도와 아이를 동반한 여성도가 쉽게 이용할 수 있도록 하고 출입동선을 구획하며, 안전을 위해 CCTV 설치, 유도표시, 경보시스템을 함께 고려하고 지하일 경우 자연채광 확대와 강제 급배기를 원활하게 할 수 있도록 한다.

- 이와 같이 기본계획 수립부터 건축을 위한 설계 시에 검토하고 반영되어야 할 것을 종합적으로 주요한 것만 제시해 보았다. 제시한 것 외에도 또 다른 세부적인 것이 있을 수 있다.

교회 건축은 외부는 아름답고, 내부는 하나님이 기뻐하시는 가장 영광된 예배를 드릴 수 있는 성전으로 건축되어야 한다. 또 다른 하나는 교회를 찾는 사람 누구나 이용편의와 안전이 보장되어 있으며, 향후 건물을 유지관리 위한 비용이 가장 적게 드는 건축을 하게 된다면 교회 건물로서는 최상이 될 것이다.

이 모든 것을 완벽하여 갖추는 것이 건축 최고의 목표가 되겠지만 이렇게 하기 위해서는 건축을 위한 기본계획수립 단계부터 종합적이고 아주 치밀한 검토와 준비를 한다면 많은 부분에서 최고의 가치 있는 교회 건축물을 지을 수 있을 것이다. 이것이 하나님이 원하시는 바이며 영광된 교회 건축일 것이다.

할렐루야.